ハッと驚く
お弁当づくり

小林カツ代

ハルキ文庫

角川春樹事務所

本書は主婦と生活社から出版された21世紀ブックス『お弁当づくりハッと驚く秘訣集』（一九八四年）を底本とし、本田明子氏監修の下、加筆・訂正しました。

カツ代さんとお弁当

本田明子（家庭料理家）

お弁当は移動するご飯、献立がギュギュッと一つの小さな箱に詰まっている。

今から40年前、私は小林カツ代さんという料理家に憧《あこが》れて、なかば強引に弟子入りした。短大2年生の時だった。卒業の3月まではノホホンと、撮影のある日だけ呑気《のんき》に通っており、明日から4月というときに、そのミッションは告げられたのです。

「明日からここにいる全員のお弁当を作ってくること」「1個500円で売って、その売り上げで翌日の弁当の食材を買う。食材が100円なら、400円の利益になるでしょ」

そして、それは次のお弟子が来るまでの間、2年半ほどの修行でした。毎回実践アドバイスの日々。

家政科を卒業したものの、その知識はあまりに不足していて、片っ端から本を探し、雑誌をよみまくり、美味《おい》しいといわれたくて、利益を生むことには、最初はほど遠かったのです。しかし自分でいうのもなんですが、そのコツは短期間で身についていくことになり、献立のたてかたも理解できるようになります。

私は弟子として入ったものの、すでに助手さんといわれる人が2人、掃除や雑用をしてくださる人が2人いました。時にお子さんたちのまりちゃん、けんちゃんがお休みだと小学生が好みそうなお弁当も意識して作ったものです。月日が経《た》つとみんなが私のお弁当を楽しみにしてくれるようになってきて、作ることも苦ではなくなりました。

当時、だいたい、毎日4〜6個、混んだ電車やバスではご飯が重く、たったひと駅の電車がラッシュでお弁当の鞄《かばん》が引き出せず、電車から降り損ねたこともありました。昼はドキドキものです、一口食べる時ついつい、師匠の顔をじーっとみてしまいます。毎日、作ったもののアドバイスを受け、そこで学んだことは大きく、今でも身体《からだ》に染みついているかと思います。

修行初日のことです、味がぶつかっては嫌だなとアルミケースを仕切り代わりに使っていわれたのは、明日から仕切りもアルミケースも使わないこと。

「え――――っ、仕切りもなし‼」

心の声が顔に出ていたのでしょう。

隣同士がくっついても嫌じゃないおかずを組み合わせること。おかずとおかずがくっついても味がそこなわれないどうしを組み合わせるとかパズルのように考えればいい。冷めてこそ美味しいおかずを考えてみる、と師匠。アルミケースを使ってもいいのは例えば甘い煮豆など。

師は私に与えたお弁当修行の話を、当時の担当編集者の高野氏にしたのでしょう。そのコツを本にする、その作業が私のお弁当の修行とともに進行していったんですね。

高野氏と私は、偶然にも東久留米《ひがしくるめ》駅に向かうバスが同じで、週に何回も会うんです。もちろん帰り道で会うこともあり、会ってしまうと買い物もそこそこに飲みに連行され、高野氏のうんちくを聞くこととなり、私にはその頃《ころ》、お弁当の師匠が2人いたようなもの。高野氏と会うと、帰りが遅くなり、スーパーマーケットは開いておらず、いまでこそどこにでもコンビニがありますが、その頃のコンビニはそれほど店舗数もなく、商品の品揃《しなぞろ》えもたいしたことはなかったので、家にあるもので作ることになります。のり弁に、梅干しおかかサンドに甘い卵焼き、かき集めの菜っ葉の磯和《いそあ》えに、かぼちゃの天ぷらに鮭《さけ》2切れをみんなで分けてのせるみたいなお弁当だったり……。

高野氏とバス中で会う度に、私もかなり腕を上げていきましたから、買い物ができない状況をむしろ楽しめるようになっていたかもしれません。(言い訳もできるし……笑)

そしてお弁当に限らず、師・小林カツ代がよくいっていた言葉があります。世の中にはレシピは星の数ほどある。コツとその理由を覚えれば、すべてのレシピに使えるから応用も利くし、レパートリーは増え、「美味しい」が増えるのは楽しい。だから、コツと理由は大事であると。

私自身、子供たちも社会人になっていてお弁当を作る機会も減りました。でも、この本の出版にあたり、久しぶりに本を開くと、その内容はまったく古びていないことに気がついたんです。

あれから40年近くなり、時代は移り変わり、Instagramなどで〝映える〟がキーワードとなり、めちゃくちゃ格好いいお弁当を目にすることが増え、アルミケースもめっきりみなくなりました。時代によって、それなりに流行《はや》るものもあるでしょう。

でも、人々が変わらず求めるのは映えるものではなく、まちがいなく美味しいもの。コツさえ知れば、〝映える〟と〝美味しい〟がコラボして最強&完璧《かんぺき》。

そんなバトンが次の世代に引き継がれたらいいなと箱根駅伝をみながら、なんとなくそんなことをおもった年明けです。

2022年初春

まえがき――お弁当の本にも責任がある

小林カツ代

最近、幼稚園児のお弁当を、何十と写真で見る機会を得ました。しばし絶句……。なんといっていいかわからないとはこのこと。まさかァ！　うっそォ！と叫びたいほどだった……。

50人のお弁当のうち、3分の1以上もがウインナソーセージが主菜。それも、1本や2本じゃなくて、小さなお弁当箱に何本ものたうちまわっているのです。タコのハッチャンよろしく、足らしく切り刻んだもの、花の模様か、はたまたウオノメかといった姿に細工したもの……。その次に多いのが、市販のミートボール。色、つや、形がみな同じ。そうかと思うと、明らかに冷凍と思われるシュウマイが、ミミをとった食パンの横に並んでいるだけのお弁当……。ほとんどが、調理済み冷凍食品を使っているのです。まともな、おいしそうなお弁当は、ほんとに数えるほどしかありませんでした。実は、たったの2点。

このことを嘆きつつ、ある人に話したら、あきれながらもこう反撃されました。

「でもそれ、お弁当の本にも責任があるんじゃないかしら。子ども向けのお弁当の本を見れば、とにかく飾りたて、そうしないと愛情じゃないといわんばかりに、手をかけてこねくりまわしているもの。初めてお弁当を作る親は、子どものお弁当はそうしなければいけないのかな——と思うわよ。それができない親は冷凍シュウマイと食パンになっちゃうし、タコのハッチャン作りに手をかけた親は、野菜だ、ひじきの煮ものだとまでは手がまわらないのよ。私は、ぜったいお料理の本にも責任があると思う」

そうかもしれないな、ひどい本、あるもの。私はぜったいそんな本書いたことない、って自信がある。だって、切り刻んで細工しているひまがあったら、ほかにもう1品や2品作りたいもの。

私は、二人の子どもが幼稚園時代に、通算、4年間お弁当を作りました。おとなのお弁当は、新婚時代に毎日。現在、下の子は小学生で給食がありますが、上の女の子は中学生で毎日お弁当。毎日作るというのは久しぶりですが、たいへんだという実感はそうありません。お弁当作りはコツとポイントをのみ込めば、そうたいへんでも面倒でもないのです。少し早起きせにゃならん、ということはありますけれどね。

ほんとにおいしい、ほんとに愛情を込めたお弁当が、おっくうがらずに作れることをお教えしたくて、この本を書くことにしました。読み終えたとき、

「ああ、気がらくになった」

「なんだかお弁当を作るのが楽しみになってきたわ」

といってもらえたら、どんなにうれしいことでしょう――。

（一九八四年『お弁当づくりハッと驚く秘訣集』より）

目次

カツ代さんとお弁当　本田明子　3
まえがき――お弁当の本にも責任がある　小林カツ代　7

1章　お弁当基本の話

＊飾りおかずが多すぎる　26
ケチャップでかいた模様は、ふたの裏に汚くベチャーッ
子どものお弁当を、お母さんやお父さんが食べてもおいしいですか
アクセサリー生野菜あれこれ
ある幼稚園では、なぜお弁当からフルーツを追放したのか？
＊〝できたてほやほやなら安心〟は大間違い　34
＊ギュッとでなく、スカスカでもない、のがおいしい詰め方　36

お弁当箱は、水でざっとぬらす
ご飯とおかずは、同じ温度にさましてから
＊梅干し1個が魔法の役目 40
＊まだまだあります先人の知恵 42
経木《きょうぎ》は竹の皮に次ぐ殺菌包装材
南天の葉は単なる飾りではありません
笹《ささ》の葉包みの名産品はなぜ多い？
しょうが、小菊の毒消し効果
＊お弁当の原点はたくあんとにぎりめし 45
＊おにぎりはお弁当の王者です 47
おいしいおにぎりの作り方
＊そぼろをそぼろに作ったら食べにくい 49
トロトロとりそぼろ
卵そぼろ
＊少し甘めの味があると、ほっとするときもある 52
大豆のうす甘煮

2章 「色合わせ法」で献立らーくらく

＊色合わせは味合わせ、栄養バランスだってすーいすい 58
＊お弁当には季節も詰めたい 60
＊お弁当は、ふたをあけたときの感動が勝負 63
＊色のメリハリは味のメリハリに通じる 66
＊さめているからこそおいしい幕の内、松花堂弁当 70
＊さめておいしい煮ものは、汁けも出さず色もよい 72
かぼちゃのスピード煮
じゃが芋のスピード煮
里芋のスピード煮
ごぼうのスピード煮
れんこんのスピード煮
干ししいたけのうま煮
とり肉とかぼちゃの煮もの
＊色合わせなんて気にしない、おいしいお弁当だってある 78
牛どん弁当

きつねどん
おきつねどん
木の葉どん
かつどん
＊お弁当箱にもTPOがある 84
手軽で安価なプラスチック製
見た目豪華な二段重ねのお弁当箱
木製塗り箱
曲げわっぱ
アルミ製だって捨てがたい
＊洋風おかずも、こうすればおいしくなる 92
お弁当ハンバーグ
＊お昼が食べごろアメリカンサラダ 94
＊こうすれば、お昼に冷たーいものが飲める 96
＊寒ーい冬には、この工夫で 99
寒い日ご飯の炊き方
ふりかけ類やおかかを混ぜ込む
のりやおかかでびっしりおおう

＊子ども〝学校給食献立表〟を上手に利用すれば　101

3章 さめておいしい特選おかず集

＊ぜったい喜ばれる主菜66品　108
肉類のおかず
レバーのおかず
魚介類のおかず
練り製品のおかず
混ぜご飯
パンを使って
＊どんな主菜にも合う、おいしい副菜いろいろ　136
お弁当に向くサラダ類
おひたし
あえもの
煮たり、焼いたり

4章 とってもおいしくなる! 新楽々アイデア調理

*塩ざけ、たらこ、そしていわしの丸干しまでゆでちゃう法 144
塩ざけのゆで方
たらこのゆで方
丸干し、めざしまでも!

*つけ焼きならぬ「焼き漬け」の術を覚えれば 147
まずは魚の照り焼き味
とり肉の照り焼き味
きじ焼き弁当
クラブハウス・サンドイッチ
漬け汁のバリエーションいろいろ
牛肉、豚肉のしょうが焼き味
しゃぶしゃぶ味の肉弁当
揚げ漬けだって自由自在
さばのたつた揚げ味(とり肉にも応用)
中華味の酢どり(または肉だんごでも)

＊梅酒、ワイン大活躍の煮豚・煮どり　155
梅酒煮豚
梅酒煮どり
豚肉の梅干し煮
＊下味、ころも、楽々がおいしい魚のフライ　159
立て塩の作り方
小麦粉不要、ひと手間抜いたおいしい揚げ方
ロールいかのから揚げもいいもんです
＊揚げものしたら、おいしいインチキ煮ものがいっしょにできる不思議　163
かぼちゃのインチキ煮
じゃが芋のインチキ煮
里芋のインチキ煮
煮もの風に飽きたらグラッセ風はいかが？
＊一夜干しのいかはお弁当に最適　168
からし酢みそあえ
てんぷら
＊一瞬にして味がしみ込む、ペロリこんにゃくの秘密　169

ペロリこんにゃくの下味
厚揚げ、がんもどきのペロリ味
ペロリ高野豆腐
＊あっという間のおいなりさん 173
＊見た目も味もバツグン、手間いらずの野菜おかず 175
ほうれんそうおもしろ話
まずはほうれんそう、小松菜など、青菜のゆで方から
平凡なれどごまあえから
のりあえ
おかかあえ
梅干しあえ
辛みあえ
ポパイ煮
ただのしょうゆあえ
バターいためはまずーい
いんげん、さやえんどうは水からゆでれば失敗しない
＊チンゲン菜、タア菜、空心菜は便利、重宝 181
ざっといため

シンプルいため
ピリピリいため
ざっと煮
おひたし

5章 人気倍増！ 卵料理の新工夫

＊卵焼きはやっぱりすごい！ 186
基本的な卵焼き
おばあちゃんの卵焼き
にら入り卵焼き
磯巻《いそま》き卵焼き
春菊巻き卵焼き
にんじん入り卵焼き
生にんじんのすりおろし入り卵焼き
パセリ、しそ入り卵焼き
ねぎ卵焼き
懐かし味の卵焼き
ケチャップが中からトロリ、のミニオムレツ

中国風甘酢あんかけ卵焼き
＊ゆで卵むけない子、だーれ？　195
＊色もよし、味もしっとりのゆで卵おかず　196
甘辛煮
揚げ煮
＊うずらの卵は、お弁当のためにあるようなもの　197
しょうゆ漬け
甘辛煮
揚げ煮
フライ

6章「なーんにもない」朝にヒミツの知恵

＊ねぼうした！　お米がない！　とあわてる朝のために　202
＊おかずが足りなかったら、上にのせちゃえ　203
豪快！　肉ご飯
＊のりとおかかの段々重ねにだって感動がある　206

＊自家製ふりかけは、ホントおいしい！ 207
〝二発くん〟の作り方
たらこふりかけ
少し上等のたらこふりかけ
ちりめんじゃこのふりかけ
＊ついで冷凍のすすめ 211
冷凍品は、中身の見える密閉容器に
ポテトコロッケ
ハンバーグ
シュウマイ
とりのから揚げ
魚の塩焼き
はるまき
＊価値ある、わざわざ冷凍のすすめ 214
毎度おなじみ〝ゆで肉だんご〟
＊たかが肉だんごで、このバリエーション 216
甘酢あんかけ
から揚げ

甘辛煮
カレー煮
＊冷凍野菜は便利、重宝！ 218
＊作りおき嫌いが、それでも作る常備菜 220
玉ねぎのカレー漬け
キャベツのカレー漬け
いろいろカレー漬け
大根のゆずしょうゆ漬け
きゅうりのゆずしょうゆ漬け
かぶのゆずしょうゆ漬け
かぶとにんじんのあちゃら漬け
じゃこのから め煮

7章 ロサンゼルス、パリで覚えたパンのお弁当

＊パン料理はオーソドックスに限る 230
＊パン食弁当をおいしくする、基本の心くばり 230
必ずおいしいパンを選ぶこと

サンドイッチには、必ず柔らかくしたバターかマーガリンを片面に塗ること
＊おなじみサンドイッチと、わが家風サンドイッチ 232
ゆで卵サンドイッチ
いり卵サンドイッチ
ウインナ卵サンドイッチ
ひと味違うツナサンドイッチ
ちょっとぜいたく、さけやかにのサンドイッチ
ポパイのサンドイッチ
クリームチーズ入りポパイサンド
シンプル・クリームチーズサンド
プラスくるみのクリームチーズサンド
プラスバナナのクリームチーズサンド
プラスアボカドのクリームチーズサンド
＊ハムサンドもこうすればおいしい 240
ディズニーランドの、ひらひらたっぷりハムサンド
パリ空港の、堅くてうまいハムサンド
三色サラダサンド
キューカンバーサンド
焼きのりチーズサンド

タラポテサンド
＊ホットドッグのホントの食べ方　245
基本のアメリカン・ホットドッグ
お弁当ドッグ
チリビーンズ・ホットドッグ
あとがき　小林カツ代　251
おまけのレシピ　本田明子　254

本文イラストレーション◎くぼあやこ

〈注〉本書で紹介するレシピの分量は、主に一～二人分ぐらいの目安です。

1章

お弁当基本の話

飾りおかずが多すぎる

私自身、今までたくさんのお弁当を、雑誌や本の料理ページで作ってきました。私は、胸を張っていえるんです。たとえ幼稚園の子のお弁当であろうと、私というオトナが食べておいしいものしか作っていません！　と。お弁当の本は、すべてそうあるべきだと思います。手間ばかりかかったものが多すぎます。それが、お弁当全体の味を悪くし、腐敗しやすくしていることに気がついてほしいと思うのです。

ケチャップでかいた模様は、ふたの裏に汚くベチャーッ

これもやっぱり幼稚園弁当の本。おかずが、でっかいお魚の形をしたハンバーグでした。そして、上にはケチャップでウロコの形がかかれているのです。プラスチックのチューブ入りのケチャップだと、できないことではありません。

ウロコに似せた格子柄ばかりでなく、えら、目玉、口、しっぽまで塗りたくってありました。絞り出したてならまだ少しはきれい。でも考えてみてください、お弁当はふたをしなくてはならないものです。お弁当箱からはみ出さんばかりの、魚形のハンバーグにふた

をしたとしたら……。

お昼になって開いた瞬間、目にとび込むのは血だらけみたいな魚の形をしたハンバーグではありませんか。子どもはバッグを静かに持つことはせず、たいていはふりまわしますよ。なぜ幼稚園の子のお弁当は、こう次々と奇妙な、ひねくりまわしたものになるのでしょうか？

なぜ、それが親の愛情なのでしょうか？

ある幼稚園の園長さんの話というのが、新聞に載っていました。園長さんの心に残っているすばらしいお弁当とは、桜の季節にはピンクのそぼろでそれを表し、ほかの時期にも季節を表すような絵になっていた……というものでした。

こんなことに感動を覚える園長さんもいるのです。いったい、食べものをなんと考えているのかと、ここでも思わずにはいられません。絵をかくのも飾りたてるのもけっこう。でも、それがベストではありません。そういうのが愛を込めたお弁当だと、年配者がしたり顔で若い親にいってもらっては困ります。

ほんとうによいお弁当とは、そんなものであるものですか。

お弁当はたいてい昼食です。昼食は一日3回する食事のうちの1回なのです。それを、家で食べるのではなく、幼稚園や学校、会社へ持っていくという形で食べるものなのです。

あたりまえの昼食が、移動していくだけなのです。

まえもって作り、移動していくからには、それなりの工夫が必要です。それがお弁当作りのポイントであり、コツであり、条件となるのです。ソーセージを切り刻んでタコのハッチャンを作ったり、おにぎりを人の顔に見たてたり、食べもので絵をかいたりすることがお弁当の必須《ひっす》条件ではありません。それらは、はっきりいって親の趣味です。

子どものお弁当を、お母さんやお父さんが食べてもおいしいですか

卵焼きは美しい黄色です。ほうれんそうは緑色です。ご飯は真っ白、さけはピンク色です。この美しい色を与えてくれるのは、自然という大いなるものです。土の中にもぐっていたごぼうは、それらしく純朴そのものの土臭い色。それすらも、私はうれしい。目が不自由な人には、香りから、舌ざわりから、それを伝えたいと思います。

春休みに、夏休みに、冬休みに、子どものお昼ご飯を絵模様や花形にんじん、魚形ハンバーグで飾る親が、現実にいるでしょうか。忘れてならないことは、お弁当は一日3食のうちの1食という、まったく当然にすぎないことです。だからこそ、逆にいえばとても大事なのです。あたりまえの、ちゃんとしたお弁当であってほしいのです。

私だって、まだ子どものいないころ仕事で作ったお弁当は、けっして満点のものではあ

りませんでした。見るからにおいしそうに詰めました。編集者も「まあ、きれい。とてもおいしそうですね」といってくれました。

子どもができて、毎日お弁当を作る身になったとき、さっそくそれを作り、その詰め方をしてやりました。幼稚園から帰った二人の子どもに、

「ママ、食べにくくてポロポロ、ポロポロいっぱいこぼれちゃったの、ごめんなさい」と口をそろえていわれ、初めて気づいたものです。見た目にはきれいだけど、食べにくかったことに。

子どもは、人間以外の奇なる生物ではありません。特別変わった味覚をもって生まれてきたものでもないことを、お弁当を作る人は忘れてはならないと思います。

多くのおとなが「まずいっ」と思うようなものを子どもだから大好きなんて、そんなことあるわけがありません。どうぞ気をつけてください。

それと同時に、中学生、高校生、若い女性、中年男性向き、といった分け方も、中身はそう違わないはずです。育ち盛りの子どもにはそれだけのボリュームが要るし、中年男性には脂肪の少ないものを、とかいう程度の差でしかないでしょう。

ほんとに各人に差をつけたお弁当を作る必要があるなら、朝食や夕食にも家族それぞれの献立がなされていなければならないはずですもの。

アクセサリー生野菜あれこれ

［レタス類］サンドイッチにはさんだものは別として、つけ合わせとして入れるレタスはお弁当のおいしさを半減させる、大いなる力をもっています。

詰めるときには確かに見ばえもするし場所ふさぎにもいいしということで、小さい子や若い女性のお弁当などに実によく使われます。しかし、ふたをしめ、持ち歩き、時間がたっていくうちにレタスは変に湿ってきます。ましてや、まだ少し温かさの残るおかずといっしょに詰めたら、蒸気でしなーっ。

しなーっとなるだけならまだしも、何やらナマアタタカイ感じのキモチワルイ菜っぱと相成ります。やめましょうよ、レタスで場所ふさぎしようなんて。野菜として……と純粋に思ってのこととしても、結果は失望するだけだもの。

［切ったトマト］これ、だめですねぇ。やっぱりナマアタタカクなり、蒸気を含んでにゅるっとした感触になってしまいます。

例外は、太陽の下で真っ赤になったトマト。これだったら別の容器に入れさえすれば、なんとかおいしく食べられます。ほんの少し塩をふりかけておいたほうが、食べるときおいしいようです。

つけ合わせてもいいのは、ミニトマトまで。切らずに入れればナマアタタカクなったり、汁がおかずやご飯ににじんだりすることも避けられます。トマトの汁がご飯についてごらんなさい、想像するだけで食欲がなくなります。

「パシャパシャキャベツ」なぜわざわざパシャパシャをつけたかといいますと、家庭でとんかつのつけ合わせにするような細切りキャベツを、お弁当に詰める人がけっこういるからです。みずみずしいキャベツを、刻んですぐにおいしいソースで食べるならまだしも、お弁当に入れたら最悪。半分ひからびて、パシャ。ご飯の蒸気に当たった部分はヘチャー。口に入れたらパサモゾパシャヘチャー……。

例外は卵でとじないタイプのソースかつどんのみかな。

ある幼稚園では、なぜお弁当からフルーツを追放したのか？

仕事がら講演の依頼が多く、幼稚園や保育園に話をしにいくことが多いのですが、これはその際、東京の歴史あるひとつの幼稚園で聞いたことです。ここの園長さんが非常に食生活に関心の深い方で、何年も園児のお弁当を見てきた結果、次のようなことを提案されたのです。それは、

「お弁当には、フルーツをいっさい入れないでください」

というものです。

理由はこうです。一見豪華に見える園児のお弁当箱の中身は、よく見ると3分の1がフルーツで占められていて、肝心のおかず類が成長期の子どものものとしては少なすぎる——と園長さんは思われたのだそうです。

子どもが喜ぶだろうと、愛情からにしてもフルーツが必ず入っているお弁当は、どこの幼稚園でも見られますよね。でも、園長さんは、

「それでは子どもの成長にとって心配」

と思われて、フルーツ抜き弁当を提案されたのでした。

くだもののひとつやふたつ、家に帰ってから食べればいいと。ただし、最初のころは母親たちに多少なりとも抵抗があったのではないかな、と思います。だって、たかがフルーツといえど、お弁当からそれをスポッと抜けば、その部分がポッカリ穴があきます。その分、何か別のものを考えなくちゃなりませんよね。

でも、フルーツ禁止令以後、おかげでお弁当の中身がぐーんとよくなったとのこと。ほんと、園長さんのグッドアイデアだったと思います。親御さんたちに聞いてみましたら、

「入園したてのころはちょっとたいへんでしたが、慣れましたらかえって勉強になって……」

「野菜料理のレパートリーが増えました」

などなどで、手間がかかるようになったでしょうに、とても好評でした。

そこの講演で私は「子どものお弁当にソーセージが断然多い」という話をしました。そうしたら、あとで園長先生からこんなお便りをいただいたのです。

「講演会のお話の翌日、まるで申し合わせたようにソーセージがまったくなくて、お迎えにきたお母さんやお父さん、先生たちと笑い合いました」

私も思わず口もとをほころばせてしまいました。フルーツ抜き、ソーセージ抜きとなったら、ほんと、たいへんだったろうなぁ。それにしても、こりゃぁますますいいお弁当になるだろうな……。

全国的にフルーツ抜き、ソーセージは週にせいぜい1回位ということになると、子どもたちのお弁当はウワーッとよくなるんじゃないかしら？ 冷凍のハンバーグ、肉だんご、シュウマイなど、市販おかずはまだまだある——といわれるかな。

〝できたてほやほやなら安心〟は大間違い

朝、お弁当を作りながら汗がたらたら流れるような暑い日ってありますね。こんな日はいつもより、なお気をつけなければなりません。

これはある人の経験ですが、すべて朝作ったのに、それも別に悪くなりやすいものがあったわけではないのに、お昼、お弁当のふたをあけるとぷーんと怪しいにおいがし、味もおかしくなっていたとのこと。

熱いものと冷たいものをいっしょに詰めたわけでもないし、朝作ったできたてのほやほやだったのに、いったいなぜ？

原因は、まさに〝できたてのほやほや〟だったからなのです。この日、彼女はいつもよりほんの少しねぼうをしてしまい、お弁当を作るのに大あわてというほどでもなかったのですが、それがさめるまで待てなかったそうです。

いつものようにお気に入りの密閉型のプラスチック容器に詰め、ご飯もおかずもかなり温かいうちにふたをして会社へ向かったというわけです。

お弁当箱の内部は蒸気でムレムレ、ふたの裏側にたまった水滴は、ご飯に、おかずに落ちていったことでしょう。まして密閉型のプラスチック容器はそうとうの保温効果がありま す。ことにふたにはめこんであるゴム製のパッキンは怪しげ。その日は朝から汗が流れるほどの暑さだったといいますから、悪条件すべてが勢ぞろいでした。

こんな日、こんなときのために、プラスチックでない、通気性のあるお弁当箱が一つあることが望ましいですね。理想は曲木細工《まげきざいく》など天然木製で、漆塗りでないものが最もいいのですが、残念ながら近ごろのものは汁もれを防ぐために塗装などが施してあるようです。

それでもプラスチックの密閉容器よりよほどまし。そんな高級品でなくても、アルミのお弁当箱でもけっこう、一つは用意しておきましょう。アルミ製はさめやすいのが欠点にあげられるほどですから、こんなときは具合がいいのです。アルミ製だってふたはぴっちりしまるようではありますが、密閉型とは大違い。ふたのすきまから多少の空気は流通します。

もっといいのが竹で編んだもの。昔からあるお弁当箱です。本来はおにぎり向きですが、ラップかアルミ箔《はく》、理想をいえば竹の皮を敷いて、ご飯だって詰められます。上にはラップをしないので、ふたのほうから蒸気は逃げていきます。朝作ったものなら、まず腐る心配はありません、少々温かくても……。

だからといってあつあつムレムレのご飯を詰めていいかといえばさにあらず。ある程度さましてからふたをするのは、お弁当の基本的常識。そこで私は文明の利器を使って、大急ぎで、せめてあら熱だけでもとるようにしています。

文明の利器とは何か？　それは、ドライヤーなのであります。ドライヤーの〝冷〟で（〝温〟ではないですぞ、けっして）ビャーッとさますのです。扇風機でも効果大。もちろん、ご飯を腐らせない〝おまじない〟、梅干しを入れることもお忘れなく。

ギュッとでなく、スカスカでもない、のがおいしい詰め方

これ、あくまでふつうの食欲の人の場合。中学、高校の男子ともなりますと、力まかせにギューッと詰めでもしない限り、「ご飯、足りなかったよ」といいかねないすごいのもいます。こういうのに、ご飯はほどよく詰めまして……なんてやってたら、大学ノートくらいのお弁当箱が要りますものね。

なぜギュッと詰めるとおいしくないか――それは、せっかくふっくらと炊けたご飯がぺっちゃんこ。さめたら、お弁当箱の中で固まってしまいますから。

かといってスカスカに入れると、お弁当箱の中でご飯は隅のほうに片寄り、その間をお

かずが遊泳し、せっかくきれいに詰めても、まぜまぜご飯の様相を呈します。

ほどよい量をおいしく詰めるには、それに見合ったお弁当箱の大きさが必要だということです。

ご飯をお弁当箱に無造作にどんどん入れて、あとで上からギューッと押すというのがいちばんいけません。しゃもじで入れるたびに平均に広げ、全体にならしていくのがコツ。少しずつ押さえながら、また上にのせて同じように広げて……うーん、もどかしいな。目の前でお見せしたい、こうやって詰めるんです！　って。

うまくいったかなァと思ったときには、いや、そうでないときでも「きょうのご飯の詰め方、どうだった？」と聞いてみること。ま、たいていは「さぁー、どうだったっけ」という答えが返ってくるでしょう。それなら、だいたいうまくいったと思ってよいのでは。「多すぎた」「隅っこに寄ってたよ」といわれない限り、まず安心でしょう。

お弁当箱は、水でざっとぬらす

乾いたお弁当箱にご飯を詰めると、食べ終わったあと、お弁当箱の内側にご飯がカチコチにこびりつきます。それを防ぐために、水でぬらしたり、ぬれぶきんでふくとかするのです。私は、固く絞ったぬれぶきんで湿らせるというのは、なんだか少しイヤ。ご飯を入れる前から〝じとっ〟というイメージがね。

だからといってこびりつくのはイヤなので、ご飯を詰める側をざっと水でぬらしてよく水けを振り落とし、おかず部分は乾いた清潔なふきんかペーパータオルなどでふきます。

ほんと、ご飯の詰め方いかんで、お弁当のおいしさが数倍も違ってくることは確か。おかずだって、ただ入れるだけというのでは色が混ざり合って、ごちゃっという感じになってしまいます。家庭の食卓でも、料理は盛りつけ方ひとつで、おいしそうにもまずそうにも見えるものです。

お弁当を工夫する、おいしくするということは、実はこういうことであって、しつこいようだけど断じて飾りたて、いじくりまわすことではないのです!

ご飯とおかずは、同じ温度にさましてから

あつあつご飯をお弁当箱にギュッと詰め、おかずを入れてふたをして、〝ハイ一丁あがり〟は大禁物。ましてや温かいご飯と、前夜のうちに作っておいた、すっかりさめたおかずを詰め合わすなんて、オソロシイことです。前日作ったものは、必ず煮返すこと。

だから私は保存食、常備菜のたぐいをお弁当に入れるのが嫌いなのです。こういうのは前々から作っておいたのですから、当然さめています。古くもなっています。それを無神

経に「便利、便利」とばかり、温かいご飯やおかずの横に詰めるのでは、わざわざ腐りやすくしようというようなもの。昆布のつくだ煮とか、いりじゃことといった、昔ながらのものなら大丈夫ですが、いたみやすい煮豆など冷蔵庫から出したてのものはアブナイ。詰めつまり、お弁当のご飯とおかずは、だいたい同じ温度でなければいけないのです。詰めてからさめるのを待ってふたをするより、お弁当に使う分だけお皿にでもとってさましたほうが早いのです。もちろん、おかずもなるべくさましてから詰めてください。完全に、ではなくてもいいですから。

まだ温かみのあるおかずとともに詰めなければいけないとしたら、冷蔵庫から出したてのものとの間に、ほうれんそうのおひたしとか、きゅうりもみといったもので間仕切りします。アルミのケースを使ってもいいでしょう。私は原則的に好みませんが、こんなときだけは、と限定して使うようにしています。甘い煮豆の味が隣にうつったりするのはいやですから。

梅干し1個が魔法の役目

梅雨《つゆ》どきから残暑のころにかけては、ご飯がとってもいたみやすい季節です。そんな時期には魔法のしかけをちょいとしておけばひと安心。昔ながらの知恵だから知ってる人もいっぱい、なのは承知のうえで。

ご飯を炊くとき、お米をといで水かげんしたら、梅干しを1個、ポトンと加えておくのです。まったく梅干しの効用はすばらしく、これを発明してくれた人に感謝多々。こういうすごいこと、今どきの人はちっとも発明しませんねぇ、私も含めて、ほんと、だらしない。先人の知恵をいただくばっかり。

お米の量はカップ1であろうがカップ3であろうが、梅干しは1個でいいです。炊き上がった梅干しは入れなくてもいいし（夕飯の時に食べても）、種だけ取り除いて混ぜ込んで梅ごはんにしても。

この防腐効果はかなりのもの。でも、もし梅干しがないということなら、1合の米に対して大さじ1くらいの酢を加えるのもいい方法です。

おにぎりは食中毒の原因の王者といえるもので、それは手でにぎるため。そこで暖かい季節には、おにぎりには必ず梅干しを入れるべし！　おにぎり1個に梅干し1個なんて、そんなすっぱい話でなくてけっこう。半個でも、3分の1でも入れるだけで、著しい効果を発揮するのです。

いつかNHKテレビの『ウルトラアイ』（一九七八年五月～八六年三月まで放送された）で見たのですが、おにぎりの中心に入れた梅干しが表面にまで防腐力を行き渡らせる様子はみごとなものでした。あれを見て以来、おかか、たらこ、さけなどのおにぎりにも、どこかに梅干し少々をしのばせることにしています。但し、近ごろの梅干しは減塩が多く、冷蔵庫に保存と書いてあるものもありますから、ここでの話はあくまでも昔ながらの梅干しと思います。

防腐力に関して、ついでに竹の皮の話――。昔の人が、いったいどうやって知恵を得たのかわかりませんが、あの竹の皮というものはすごい防腐力をもっているんです。だから昔はおにぎりなどを包んだんですよね。実験室ももたないで、どうやってわかったんでしょう。

まだまだあります先人の知恵

経木《きょうぎ》は竹の皮に次ぐ殺菌包装材

近ごろは少なくなりましたが、魚屋さんによっては昔ながらの経木（木を薄くうすーくそいだもの）に入れてくれるお店があります。あれは、今のようなポリ袋がなかったからというだけでなく、経木には食べものを腐敗させにくくする力があるからなんですね。竹の皮もそうですけど、どうしてそういうこと、昔の人にわかったんでしょう。

ようかんをしっかり包んでいたのは本来、竹の皮。これも、保存食だったから竹の皮を使ったのでしょう。お肉屋さんも、私の子どものころはどこでも竹の皮を使っていました。さばずしやたいずしに今でも竹の皮を使うところが多いのは、おすしに合成保存料など使えないし、やはり防腐の意味からでしょう。

南天の葉は単なる飾りではありません

折り詰めのお赤飯を買うと、上に南天の葉がのっていることがあります。あれも、単なる飾りではなくて、難《なん》を転ずる（のがれる）という日本特有の縁起かつぎの他にもお赤飯を腐りにくくする効果があるとのことです。

笹《ささ》の葉包みの名産品はなぜ多い？

京都の有名な〝麩《ふ》まんじゅう〟は生麩でできていて、笹の葉でしっかりくるんでありま す。京都以外に新潟なども笹で包んだおだんごやもち、まんじゅうがたくさんありますね。あれは、笹がいっぱい自生していたから、単に包む材料として便利だったとか熱に強いといっただけの理由ではないようです。

笹の葉には強い殺菌力があって、これもテレビの実験で見たことがあります。

しょうが、小菊の毒消し効果

おすし屋さんでは、にぎりずしの間仕切りに笹の葉や葉《は》ランを使いますが、葉ランもそういった殺菌効果のために使われていたのかもしれません。おすし屋さんで必ず出るしょうがの甘酢漬け。通称、ガリ。あれ、毒消しというくらいに、生ものの食あたりを防ぐ効果があるそうです。

おさしみに小菊をつけ合わせたりするのも毒消し、つまり食あたり予防のため。それなのに、葉ランといい小菊といい、プラスチックのインチキ製がなんと多いことか。そんなもの、ないほうがマシ。先人のせっかくの知恵がまったく形骸化《けいがいか》してしまったのですね。それが食べものにかかわるだけに、なんだかとてもイヤです。

こういったことをお話ししたところで、別に日々のお弁当に役立つわけでもないかもしれません。でもね、食べることって、もっと真剣なものだと思うんですよ。昔の人の大事な知恵を、意味のないマガイモノでまねることはやめてほしい。それよりも、現代でもできる、生きた知恵をもっと働かせたいと思うのです。

緑色のプラスチック製葉ランなんて、どうして登場するのかと思います。お弁当というのは昔も現代も、食べるときの条件はちっとも変わってないのです。冷蔵庫、冷凍庫の便利さ、腐りにくさも、お弁当を作るまでの話。でき上がってから持ち歩き、作ってから食べるまで時間がかかるのは昔と同じです。

今、これだけたくさんの、華やかな、あふれるほどのお弁当の本が出まわっています。それなのに、昔の人が考え出した、さめてもおいしい、腐りにくいといった、お弁当に不可欠の条件を満たす知恵は出てきません。

お弁当の原点はたくあんとにぎりめし

日本の食習慣は、夕食が重いでしょう。朝食をしっかり食べて夕食はかるく、というのが理想的といわれますが、なかなかそうはねえ。

でも、不思議なことに、昼食のことはそうとやかくいわれませんね。まあ、バランスのよいお弁当とか、私もいうにはいいますが、そう神経質ないい方ではありません。朝食と夕食をしっかり食べていたら、昼食くらい少しかるく考えても……という日があったっていいと思うんです。

だって、昔むかしのお弁当は、たくあんとにぎりめし（おにぎりなんて、こんなときいいたくないですな）だったんですよ。竹の皮に包まれてて、それを開くと、ご飯がピカッ、たくあんがキラリ！

ときには、この原点を思い出してみてもいいではありませんか。竹の皮なんて今やぜいたくだけど、あえてぜいたくを楽しみましょうよ。そのかわり、中身は現代のお弁当としてはお粗末なたくあんとにぎりめしだけ。

日本のご飯って、こんなにおいしかったのか——って、改めて思えるんじゃないかな。

とはいってもほんとにそれだけでは、うるさき人々のあらぬうわさになってもシャク。ま、少しはおかずをつけましょうか。

こんなときに合うおかずは、甘辛いものと、さっぱりした野菜かな。次のⒶⒷを適当に組み合わせてください。

［つけ合わせⒶ］しらす干し（またはちりめんじゃこ）の田作り風、とり肉入りきんぴらごぼう、たらこ、塩ざけ、などのいずれか。

［つけ合わせⒷ］緑の野菜の塩ゆで。

このくらいにしておきましょ。つい、卵焼きだとかなんとかしたくなって原点を忘れそうになりますから。

この原点弁当、プラスチックのお弁当箱でも、アルミのでもだめだなぁ。やっぱり竹の皮だなぁ。竹の皮にでっかいにぎりめし、中身は梅干しかせいぜいおかか。のりを巻くくらいはいいとしますか。竹の皮、近ごろはどこにでも売ってるというかんじではありませんがみつけたら、くさるわけではない便利なものですから買っておくと良いですョ。

おにぎりはお弁当の王者です

おにぎりを考え出した人って、尊敬します。だって、たかがご飯を塩でにぎっただけで、どうしてこうおいしいのかと感心せずにはいられません。でっかいおにぎりなら、たくあんだけのおかずでもお弁当になるでしょ。でも、パンではそうはいきますまい。パンとバターだけではなかなかお弁当にはねぇ。

幼いころ見た絵本のさし絵、『さるかに合戦』の昔話のなかでかにが持っていた大きなおむすび、おいしそうでした。あーあ、取りかえなきゃいいのに……と、子ども心に思ったものでした。

さて、そんなおにぎりにも、おいしくにぎれたのとそうでないものとがあります。おにぎりというのだからと、ギュッギュッと、まるで親のかたきででもあるかのようににぎったものは感心できません。ご飯粒はみごとに押しつぶされて、これでは巨大なだんごになってしまいます。

力はちょいと入れるだけで、形のみ整えたようなのは、一口ぱくりでご飯はばーらばら、これもイヤ。まさかそこまで極端なものはないまでも、近いものにはけっこう出合っています。

✿おいしいおにぎりの作り方

まず、ご飯が温かいこと。ボウルに水を入れ、塩を用意します。

両手をよく洗ったら、水にぬれたまま塩を少しとって左の手のひらにのばします。そこにご飯をのせ、中央に中身の梅干しなどを置いて押し込み、それを包むようにして形づくったら、手の中で転がすようにして2～3回キュッキュッとにぎります。もうここからはあまり力を入れず、ほっほっと手の中で転がすようにして形づくります。

あまり時間をかけてにぎると、かたーくなってしまいます。初めのキュッキュッの力の入れ具合がコツ。

おにぎりの中身はなんでも好みでいいのですが、ほんとにおいしいのはやっぱり昔ながらのもの。オーソドックスなものがよろしい。たとえば――、

［梅干し］種を取り除いてほぐしたもの。

［おかか］しょうゆを混ぜて。

［梅おかか］梅干しの梅肉と削りかつおをあえたもの。

［たらこ］オーブントースターかグリルで焼いたもの。

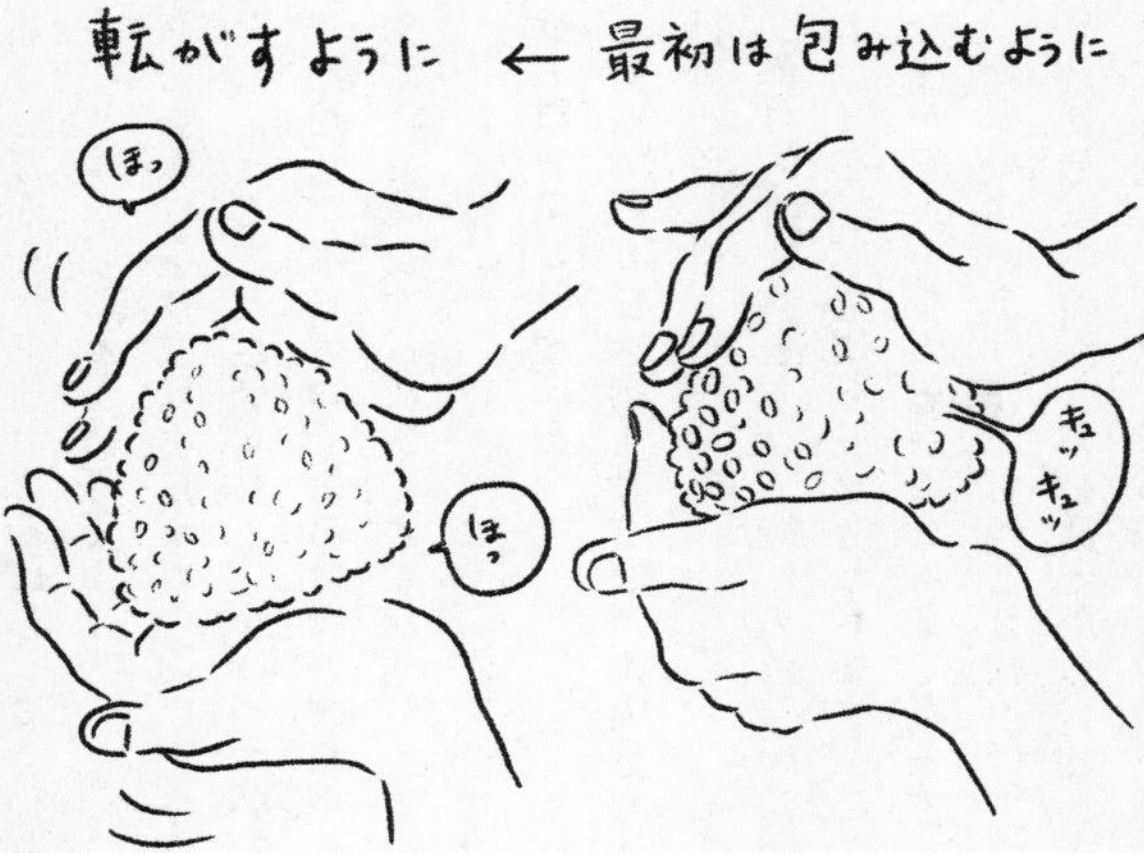

[塩ざけ中塩・辛口]焼くかヒタヒタの湯でゆでるかして。
[からしめんたいこ]生のまま、あるいはたらこと同じように。
[昆布のつくだ煮]ただし、甘ったるくないもの。
[ちりめんじゃこのつくだ煮]
といったところでしょうか。

そぼろをそぼろに作ったら食べにくい

そぼろ弁当はお弁当のロングセラーですが、ほんとはあれ、食べにくいんです。スプーンでなら、まああいいのですが、それでもやっぱりポロポロこぼれます。食べにくさもさることながら、あまりにそぼろっぽく作りますと、せっかく味よく仕上がってもご飯とよくなじまないことがあります。

でもポロポロにはポロポロのおいしさがあり、だからそぼろというので、全面否定はいたしません。ときにスプーンを持っていくのもいいでしょう。

ただし、ポロポロそぼろはほかの料理の本にも数多く載っていますので、ここでは食べやすくて味よく、ご飯によくなじむ、特製トロトロそぼろをご紹介。

トロトロとりそぼろ

[材料] とりひき肉100g、水大さじ4、しょうゆ小さじ2、酒小さじ2、砂糖小さじ2

[作り方] 材料をすべて鍋《なべ》に入れ、火にかける前にさっと水でぬらした箸《はし》4本くらいでよーくほぐし、全体を混ぜ合わせます。ここが〝トロトロ〟のコツ! それから火にかけ、全体が細かくなめらかになるまで煮ます。途中からは木ベラで大丈夫。

食べやすいように、しっとり仕上げてください。

とりそぼろの作り方を覚えたら、これまたポピュラーにして永遠のロングセラー、卵そぼろも覚え、3色そぼろ弁当を作りましょう。

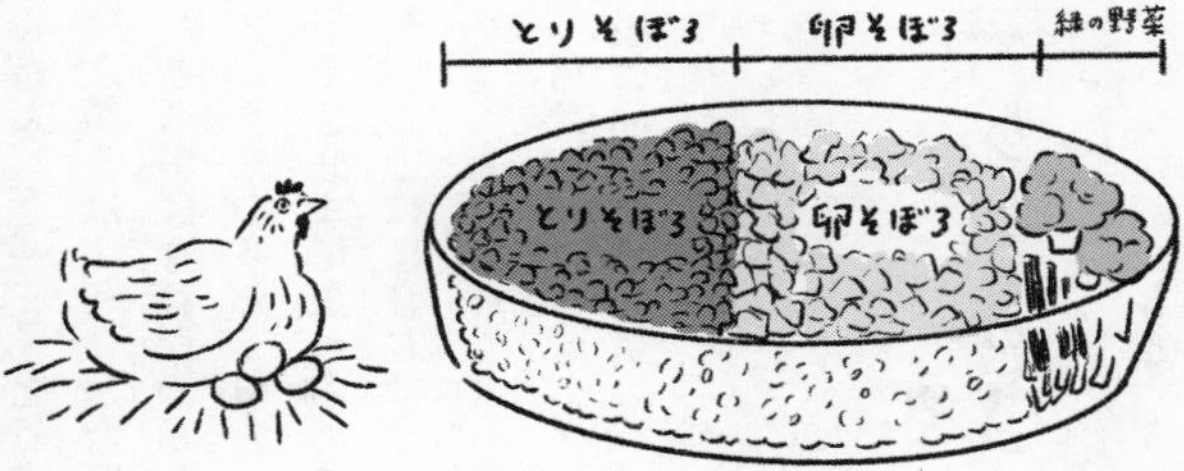

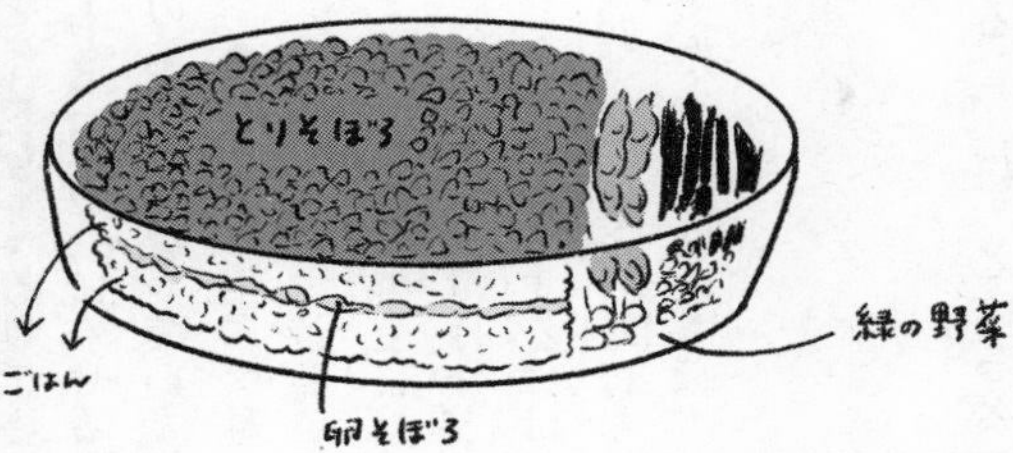

卵そぼろ

[材料] 卵1個、水小さじ1、塩少々、砂糖少々

[作り方] 鍋に薄くごま油をひき、火にかけます。水、塩、砂糖を加えてよく溶いた卵を流し入れ、菜箸を5～6本持ってぐるぐる全体をかき混ぜながら、いり卵を作ります。

すごーく細かくならなくても、それがかえって食べやすいのです。水を加えるのは仕上がりが固くならないためです。

これに緑の野菜を添えれば、3色のでき上がり。緑の野菜ならなんでもいいと思います。

ゆでたほうれんそう、小松菜、さやい

んげん、さやえんどうなど。薄口しょうゆでさっとあえる程度でいいでしょう。

　ふつうはこういった野菜もご飯の上にのせるのですが、私のは見た目はそうでもないけれど、実は野菜たっぷりの詰め方になっています。それは、ご飯をお弁当箱の容量3分の2よりやや多めくらいに詰めて、その上に2種のそぼろをのせ、残り3分の1弱の部分に野菜を底まで入れるのです。こうしますと上から見ればちゃんと3色。

　卵の上には紅しょうが、とりそぼろの上にはもみのりなど散らしてもおいしいです。香のものはぜひ欲しく、たくあん、奈良漬《ならづ》けなどなんでも。

　小さい子のためにもっと食べやすくするには、おもしろい詰め方があります。ご飯の中段に卵そぼろをはさみ詰めて、上にとりそぼろをのせるのです。これ、とりも卵もたっぷり食べられるのですが、ふたをあけたときは、とりの茶色と野菜の緑で3色ならぬ2色という次第。

少し甘めの味があると、ほっとするときもある

いつもいつもということではないけれど、こんなおかずのときはちょっと甘い一品がつい

ているとほっとする……という場合があります。
それは揚げものが主菜のとき。ふだんの夕食がフライやてんぷらだったら、必ずといっていいくらいキャベツのせん切りや大根おろしを添えますよね。
でも、お弁当ではキャベツのせん切りをそのまま詰めてもおいしくないし、まして大根おろしなど入れるわけにはいきません。そこで、キャベツなら塩もみ、大根ならにんじんと合わせてなますに、といった工夫が必要です。
しかしそれだけでは何か不足——と、食べる人は感じるものです。何が不足？　こんなときに甘みがちょこっと添えられていれば、いうことなしのおいしさなんです。たとえば、
［煮豆］あまり甘くしないで。
［じゃが芋の甘辛煮］
［かぼちゃの煮つけ］
［にんじんの含め煮］
［そら豆のうす甘煮］
など。不思議に揚げものとよく合い、ほっとさせるのです。この一品に気がつかないことって、案外多いみたいです。
お弁当って、おかず類の相性ということがとても大切。やたらに多ければいいというも

のではありません。こんな、ちょっとした知識を覚えておくだけで、評判上々のお弁当になるはずです。

では、ほんのり甘いお豆の煮方をご紹介しましょう。ただしこれは、日もちする保存食的な煮豆と思わないでください。あまり甘っちょろい煮豆はかえって味の邪魔になり、お豆のもつおいしさを減じてしまいます。

大豆は、ふつう昆布やにんじん、こんにゃくなどと甘辛く煮るものですが、これをうす甘煮にすると、また違ったおいしさです。

大豆のうす甘煮

［材料］大豆水煮1缶（100g）、砂糖大さじ1、塩少々、しょうゆ小さじ½
［作り方］水煮大豆はさっと洗って、鍋に入れ、水カップ½加えてそのまま火にかけます。初めは強火、フツフツしてきたら砂糖と塩を加え、火を弱めて10分位煮ます。

仕上げにしょうゆを加えて再び煮ます。

本格的に乾物の大豆から作りたい人は、水に一晩つけます。

こういうのいやだ、面倒だと思う人は素材缶を使えば簡単ですよ。素材缶の汁は、私は缶のにおいが気になって、もったいないけど捨ててしまいます。

汁けを捨てた大豆にひたひたの水を加え、砂糖、塩、しょうゆを加えて煮るだけ。これも、一晩おいて翌日再び煮返すとなおおいしくなります。

大豆に限らず、金時豆、いんげん、とら豆なども、おかずとしてはこの程度の甘さがちょうどいいように思います。煮方は、どの豆でも大豆と同じです。

2章

「色合わせ法」で献立らーくらく

色合わせは味合わせ、栄養バランスだってすーいすい

あしたのお弁当何にしようかな？　と考えるときには、なんでもいいから一点思い浮かべてみてください。

塩ざけがあった？　えーと、塩ざけはピンク色ですね。ではピンク色に合う色を思い浮かべるのです。

［緑］ほうれんそうがいいかな。塩ざけは塩味だけだから、ごまあえのような少し甘辛味のほうが合うかな、とついでに味合わせ。ほうれんそうだけでは野菜が不足だから……緑色に合うものだと白っぽいものがいいかな。

［白っぽい野菜］かぶ、大根、キャベツ……。ほうれんそうが甘辛味なら、こっちは刻んだものをさっぱりと塩もみし、レモン汁ででもあえますか。近ごろ塩ざけは向こうの景色が見えそう、というような薄いものがあるので、少しタンパク質不足かもしれないな。では何を足そうか。

［黄色］ピンク、緑、白、とあるから、黄色の卵焼きなんていいな。それでもまだもの足りない気がするぞ。照りよく煮えた豆でも入れてみようか。

こうして次々と色から入っていき、ついでに味つけのほうもひょいと考えます。むろん栄養的バランスもね。塩ざけひとつとっても、こんなに次から次へと思い浮かびます。同時に味、栄養も必然的に考慮されていくのです。これも訓練次第、おもしろいくらいホイホイと浮かんでくるようになります。

緑の野菜を考えてみても、いつもほうれんそうでは芸のない話。きのうのお弁当はほうれんそうだったからきょうはブロッコリーにしようとか、前日をふり返りながら思い浮かべていくのです。

もう一例あげておきましょう。

[とりのから揚げ] 茶色。茶に合う色として次々に書いてみます。
[白っぽい色] もやし。ごま酢あえにでもしてみようか。
[緑] ピーマン。とりを揚げるとき、いっしょに揚げ、さっとしょうゆであえる。
[赤] トマト。ミニトマトを塩水につけて。本来、トマトはお弁当に向きません。生あったかくなってキモチワルクなりますから。そこを、ギリギリおいしさが守れるのはミニトマトくらい。どうしても赤い色が欲しいときや、あっさり味が欲しいときに。

とりのから揚げにはあまりゴチャゴチャとおかずはないほうがいいようですが、こうして色から副菜やつけ合わせを思い浮かべていけば、見た目で食欲をそそることは確か。おまけにおかずを考えるのがらくになることウケアイです。

ところで、一つのお弁当に何種類の色があればいいのか——と厳密に頭を悩ませてしまってはかえって逆効果。赤がない、黄色がないと考え込んでしまう必要はありません。この色合わせ法は、あくまで献立を考えるときのヒントとして利用していただきたいのです。繰り返すうちに、訓練の成果は目をみはるほどになるはずです。

お弁当には季節も詰めたい

子どもを幼稚園に通わせていたころ、まったく季節はずれの時期に「タケちゃんのお弁当にすいかが入っていたよ」とか「さくらんぼ、もらっちゃった」などという話をよく聞かされました。へーェ、お金持ちの家が多いんだなーと感心したものです。

でも私、惜しい気がします。いえ、お金のことじゃなくてですよ。だって、季節がくればすいかやさくらんぼは「お待たせしました」って八百屋さんの店頭に並び、四季の移り変わりを知らせてくれるんですから。味だってその時期のほうがぜったいにおいしいのです。

お弁当のふたをあけたとき「あっ、すいかだ！」と歓声をあげるのは、やっぱりほんとのすいかの季節でありたいな。業者だか農家だかもいけないんですよね、ひと足もふた足も早くシーズンに先がけて店頭に並べるんですもの。

もっとも、くだものだけじゃなくて野菜なんかほんとに、ないものを探すほうがむずかしいくらいです。

こんなに、いつでもなんでもある世の中に生きながら、旬《しゅん》のものしか食べないといった頑固さを固守することもないでしょう。でも、何かごく限られたものだけでいいから、これだけは季節にならなければ使わない——といったものを決めていることは大切ではないでしょうか。たとえば、四季折々を思い浮かべてみましょうか。

［春］

ほんのひと茎の菜の花が、ふだん見なれたお弁当箱の中から現れてくる……いかにも春、じゃないですか。

あるいはお弁当のふたをあける、ぷぅーんとふきの香り——。これが、時もかまわず、冬でも夏でもおかまいなしに入っているとしたら、ふきの香りに春を感じることを忘れてしまうでしょうね。

［夏］

青じそ、みょうがといった、香りのあるものでしょうか。

なすのみそいために青じその刻んだものをまぶしたり、きゅうりの塩もみにみょうがを少し混ぜるとかして、口の中に清涼感を与えるのも、こうした香りの野菜ならではでしょう。

［秋］

しめじやえのきだけは年じゅうあるので、私も秋以外に使うこともあります。でもしめじご飯のように、ドバッと秋を感じさせるものは、ほかの季節には作りません。

秋にしか出てこない栗《くり》！　栗ご飯といった面倒なものも、一年に一度くらいはお弁当に持っていくぜいたくさがあってもよさそう。でも、言うはやすし、あの堅い栗の皮はむきがたし、といったところでしょうか。

栗がたいへんなら、さつま芋のご飯もいいものです。さつま芋はひと口大に切って水にさらし、米を炊くときに酒と塩各少々を加えていっしょに炊き上げます。お弁当箱に詰めたら、黒ごまを適量ふると美味。

このさつま芋ご飯は、とりのから揚げをおかずにするとたいへんおいしい。その相性のよさは驚くばかりですよ。
これらのほかに、青ゆずの香りをそっとしのばせたあえものなど、秋ならではの楽しみでしょう。

［冬］
冬らしい！ といったものはとりたてでないようですが、秋に続いて黄色くなったゆず、あと、この寒い季節には根っこのものを大いに食べましょう。ごぼう、れんこん、にんじんといったものです。
冬のお弁当は季節感を盛るというより、おかずの冷たさを感じさせない工夫をすることのほうに気をくばりたいと思います。

お弁当は、ふたをあけたときの感動が勝負

いいかえれば、詰めたときの状態がよくってもダメということ。しつこくいいますが、

ケチャップでウロコをかいた魚形のハンバーグは、詰めたときは確かにきれいに見えることでしょう。飾りのフルーツも、そう見えるかもしれません。でも、ふたをあけたときに同じ姿と味が保たれているでしょうか。

食べてみてどんなにおいしいお弁当も、ふたをあけたときに、

「わぁーっ、おいしそう！」

がなければダーメ、作り手のソンです。反対に、たいした材料を使っていなくても、おかず作りに時間をかけられなかったとしても、「わぁーっ、おいしそう！」と思わしめるお弁当を作ることはできるのです。その気になれば、そんなにむずかしいことではありません。

毎回毎回、そう感激させることなんてできるものですか、と思われる方もいらっしゃるでしょうね。ところがそうではない点がお弁当作りのおもしろいところなのです。

この章のはじめにいいましたように色を連想し、色合わせしながら献立を考え、それを詰め合わせていけば、きれいなお弁当になることはごく当然のことなのです。自然のもつ色の美しさ、ゆでた色、煮た色のおいしそうな輝き……。生の鮮やかな色に限りません。しょうゆでこってりした色だって、おいしく煮えていれば必ず食欲をそそる色になっているはずですもの。

お弁当のつめ方も工夫が必要

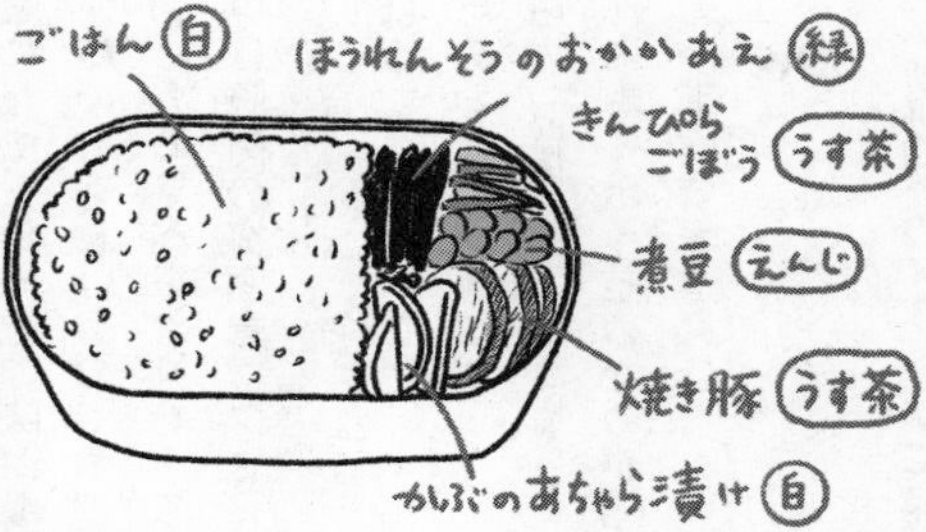

悪い例　ごはんの白の隣に白のあちゃら漬けでは色がひき立たない。焼き豚とあちゃらが並ぶと焼き豚がべちょっとする。真ん中に煮豆ではどれも甘くなってしまう。

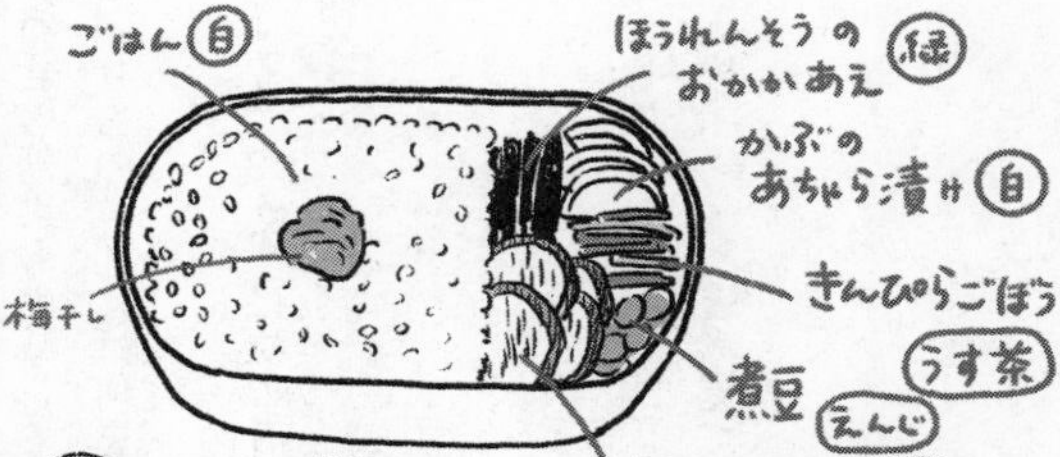

良い例
かぶとほうれんそうの味が混ざってもたいしたことないし、きんぴらもかぶもしかり。煮豆がきんぴらや焼き豚についても、これは甘い味がじゃまにならない。

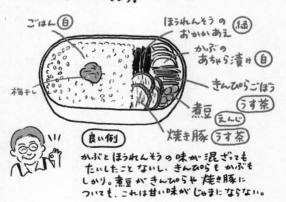

それぞれのおかずを詰めるとき、似た色を並べてしまっては知恵のない話です。白いご飯に接して白い大根の漬けものがあったのでは、色合わせの効果も半減してしまいます。また色ばかり気にして、隣同士の味が混じり合っても困りもの。間には何を置いたらいいかなど、工夫するのも楽しいものです。

例をあげて詰め方の見本をお見せすることにしましょう。おかずは次の5品とします。

[焼き豚あるいは豚肉の梅酒煮]（156ページ参照）

[煮豆]

[きんぴらごぼう]

[ほうれんそうのおかかあえ]

[かぶあちゃら]（薄切りのかぶを塩もみし、甘酢に漬けたもの）

これを無造作にホイホイ詰めたのが65ページの図の上段。ちょっと考えて、色を楽しみながら詰めたのが下段です。

色のメリハリは味のメリハリに通じる

神戸の三宮センター街は、東京でいえば銀座にあたるような、にぎやかな通りです。昔、そこに「菱富」という幕の内弁当の店がありました。もう10年以上も前ですが、神戸に3年ばかり住んだことがあって母とよく行ったものです。

日本料理というのは不思議で、ハンバーグステーキやフライドチキンのように比較的安い値段で食べられるお店はめったにありません。あるとしても、そば、うどん、どんぶりもの、定食といったところがほとんど。デパートの名店街などに和食の店は多いけれど、たいしておいしくもなく、まして幕の内や松花堂弁当など、ちまちましたおかずが入っているだけという感じです。値段のわりに感心できるものはほとんどありません。

そんななかで菱富の幕の内弁当は出色のものでした。中身は、とりたてていうほどのものが入っているわけではないのに、今も記憶に残っていて、もう一度食べたいと思うみごとさをもっていました。

おかずがすべてさめている、といったことに気もつかせないのが、ほんとうにおいしいお弁当。菱富のお弁当に一つでも温かいものが入っていたとしたら「あら、これだけあったかい。なにや知らんキモチワルイ」といったかもしれません。

しかし、単にさめているからこそおいしい、なんてものではなくて、さめてこそおいしいおかずを選んで詰め合わせている、といったほうがいいのでしょう。

では、さめてこそおいしい味の秘密はなんなのか？　菱富の、今でも記憶に残る幕の内弁当のおかずはどういうものだったか思い出してみましたが、別に珍しいものはありません。すべてを覚えているわけではないのですが、ざっとあげてみましょうか。

［高野豆腐の含め煮］

［しいたけのうま煮］

［にんじんとさやえんどうの煮もの］

［厚焼き卵］

［とりつくねの甘辛煮］

［芝えびのてんぷら］（上新粉のころもに味がついている）

［季節に応じての煮もの］（たけのこ、ふき、かぼちゃ、など）

［あえもの］（白あえや酢のものなど、日によって変化あり）

これらのおかずが少しずつ、彩りよく、型で抜かれたご飯とともにおさまっていました。では、なぜこんなごくあたりまえのものがあれほどおいしかったのでしょうか？　分析してみますと、

(1)味にメリハリがある

(2)味にリズムがある
(3)さめておいしいものばかり
(4)ご飯と非常に合う
といったことのようです。煮ものが多いにもかかわらず、同じような味という印象を与えないのは、感触がそれぞれ違うからのようです。

たとえば、高野豆腐の含め煮は口あたりがとても柔らかく、かむと中からジュワッと煮汁が出てきて、しっとりしたおいしさ。しいたけは干ししいたけをもどしたものですから、歯ごたえあり。卵焼きは京風のだし巻きなので甘くはありません。なすはみそ味。

にんじん、さやえんどうはごくうす味。とりつくねはこってり味。芝えびのてんぷらはころもが上新粉なのでベトつかず、油っぽくもありません。酢れんこんは、はし休め的にシャキッとした歯ざわりと酸味……。

いずれも、一つ一つがしっかりと行き届いた味になっています。メリハリがあるというのは、このようなことをいうのだと、今さらながらに思います。

気がついてみると、色も実にさまざまに組み合わされ、素材を生かしたとり合わせの妙に驚くばかりです。むろん、意識して、計算してのことでしょう。もしこれが同じような色のものばかりだったとしたら、味にこんなにもメリハリをもたせることができるでしょうか。

ここでも〝「色合わせ法」で献立らーくらく〟を基本におけば、いつの間にかさまざまの味が集まっていることがわかります。あとは味のアクセントを工夫すればいいのです。甘辛いもの、うす味のもの、油を使った（でも油っぽく感じさせない）もの……というふうに。

お弁当のおいしさの条件を教えてくれた「菱富」は、とても繁盛しているさなか、なぜかふっつりと店を閉じてしまいました。以来、あれほどみごとなお弁当にはお目にかかったことがありません。

さめているからこそおいしい幕の内、松花堂弁当

和食のお店の店頭に見本として飾ってある幕の内や松花堂弁当の数々、おいしそうですねぇ（なかにはマズソーなのもありますが）。

あれがもし、ホッカホカと湯気をたてていたら、はたしてあのようにおいしそうかどうか。温かさで売っているお弁当屋さんのは、かき揚げ弁当だとか、フライ弁当だとかで、

さめたらおいしくないものが詰められていることが多いですよね。

その点、昔からある日本のお弁当を見てごらんなさい。お花見弁当だって、芝居見物のお弁当だって、はたまたお相撲《すもう》のお弁当（これぞ幕の内）も、温かさを売りものにしてはいません。だからこそおいしいんです。

さめてもおいしい、のではなくて、さめているからこそおいしいのです。それなのに、ですよ、さめたほうがずーっとおいしいおかずを考えようとはしないで、温かいからこそおいしいおかずを無神経にお弁当に入れる人のなんと多いことか……。

たとえばグラタン弁当、スパゲティ・ミートソース弁当などなど。これらは温かさが身上の料理。さめたら味は落ちるどころか、台無しになってしまうものを堂々とお弁当に入れる……。

スパゲティ・ミートソースをお弁当にするくらいなら、ソース焼きそば風にするほうがずっとマシ。ソースがスパゲティにからんで、さめてもわりにおいしいのです。

お弁当のおかずは、さめているからなお、おいしいものであるべきなのです。うれしいことに、そういうおかずはゴマンとあるのです。

ことに和食のおかずには、長年の知恵と経験がいっぱい詰まっています。

幕の内や松花堂弁当が、けっこうな値段で売られているのも、またそれが喜ばれている理由もうなずけるというものでしょう。

とはいっても、毎日和風のお弁当では飽きてくるということもあるでしょう。洋風の味に慣らされてしまっている年齢層だってあります。そこが家庭のお弁当作りのむずかしさ。そこで、ハンバーグやカツ、焼き肉といった洋風おかずの工夫も必要になってきます。

それらをおいしいおかずにする工夫はあとの章にゆずるとして、「さめているからおいしい料理こそ、お弁当のおかずなんだ！」ということを心に留めておけば、おのずとおかずの選択ができるようになるものです。

さめておいしい煮ものは、汁けも出さず色もよい

煮ものといえば、じっくりコトコトが常識であり、そのほうがおいしく仕上がるとされてきました。

ところが近ごろのお野菜、そうとばかりはいえないのです。ごぼうでも、れんこんでも、昔のように時間をかけて水にさらし、じんわり柔らかく煮る……といったことをしていて

は、味もそっけもなくなって柔らかくなりすぎてしまうことがよくあります。

かぼちゃなんかも、私の母は落としぶたをしてゆっくり煮含めていたものですが、最近のものはそのころと品種が違うせいか、コトコト煮含めていると味を含む前に煮くずれたりするのです。そしてかぼちゃの種類によっては、なぜか水っぽくなったり。

それに煮ものはどれもそうですが、たっぷりの煮汁でゆっくり煮たものは汁が出やすいものです。ですからたとえうまく煮えても、お弁当に向くとは限りません。

高野豆腐や干ししいたけの煮ものでは、かむと口の中に汁けがジュワッと流れて広がるところにおいしさがあるのですが、ほかの煮ものでは煮汁を出さない工夫をするほど、お弁当向きのいい味になるものです。汁けは出さずに味もよし、となればお弁当にはまさに一石二鳥もの。

うちへパートで来ているSさん、いつも私のかぼちゃの煮ものがおいしい、自分で煮るとこうはいかないのは、かぼちゃの種類が違うのかしらといっていました。そこで作り方を教えてあげたら、

「まあ、そんなに簡単に煮ていいんですか？　そうしたらこんなふうになるんですか？　私のほうがよほど時間をかけていたのに……」

ですって。

そうなんです。Sさんのように時間をかけたら水っぽくなるばかりなんです。では、煮汁を出さない、一石二鳥のスピード煮をご紹介しましょう。

スピード煮の特徴は、初めからすべての材料、調味料を鍋《なべ》に煮立ててしまうこと。調味料の順番はサシスセソなんて無視。煮上がったのに、もし鍋に煮汁がしゃぼしゃぼ残ってたら、カーッと火を強めて鍋を揺すり、煮汁をからめてしまいます。ただし、その際に焦げつかさないように。

かぼちゃのスピード煮

かぼちゃはお弁当向きに適当に切ります。皮はところどころむく程度。

小鍋にしょうゆ、みりん、酒各同量を入れ、かぼちゃを加えて水をひたひた。甘いのが好きな人は砂糖も少々。火にかけて、中火くらいで煮汁がいつもぶくぶくいってる状態。あれば落としぶたをします。じっくりコトコトではないのがコツ。勢いよく煮立っていてかまいません。煮汁がなくなるのとかぼちゃに竹串《たけぐし》がすっと入るのが同時であれば、いうことなしの大成功。時間にして7～8分煮る程度です。

じゃが芋のスピード煮

皮をむいて適当に切り、水でざっと洗ってからかぼちゃと同じように煮ます。もし夕食のおかずに揚げものをするなら、揚げておいて翌日のお弁当の煮ものにするといいでしょう。

じゃが芋は皮つきのままきれいに洗い、適当な大きさに切って、素揚げにします。高温の油で表面だけ揚がればいいのです。翌朝、それをかぼちゃと同じように煮ます。

里芋のスピード煮

里芋は前日のうちに皮のままゆでておきます。中まで柔らかくならなくてけっこう。こうしておくとつるりと皮がむけますから、朝、かぼちゃと同じように煮るだけ。

ごぼうのスピード煮

皮つきのままごしごし洗います。黒いところをこそげ落とすだけで、けっして皮をむいてしまわないこと。皮に香りがあるのですから。

乱切り、もしくは短冊に切ってざっと水にさらし、下ゆでしておきます。あとはかぼちゃと同じ。

れんこんのスピード煮

皮をむいて水でよく洗い、食べやすく切ります。さっとゆでるか、あるいはごま油でいためるかしてから、かぼちゃと同じように煮ます。いためてからのスピード煮のほうが、コクが出ておいしくなります。

干ししいたけのうま煮

ふつうに煮含めるには時間のかかるものですが、中国風に煮つけるとスピーディー。前夜のうちに水にひたしてもどしておき、翌朝、きゅっと絞って使います。もどし汁は使いますから捨てないように。しいたけは軸をとります。

水けを絞ったしいたけはごま油でざっといためます。これがコツで、いためると早く煮えるのです。

あとは基本のスピード煮。水のかわりにしいたけのもどし汁を使います。これには少し砂糖を加えたほうがおいしいです。

スピード煮は、野菜だけに限りません。これらと肉類をいっしょに煮てもグー！　たとえば——。

❀とり肉とかぼちゃの煮もの

とり肉を余分な脂肪分は取り除いて、ひと口大に切り、みりん・しょうゆ・酒各同量といっしょに鍋に入れて強めの中火にかけます。強めの火加減で煮るのは、肉汁を出さないため。焦げつかないよう鍋を揺すりながら煮ます。

調味料の割合はかぼちゃの分も含んでいるので、とり肉だけの分としてはかなり濃いめの味です。

ここにかぼちゃを生のまま加え、水をひたひたに加えてスピード煮の要領で煮るだけ。コツは肉を先に煮て、味をしっかりつけてしまうこと。そのままでは濃すぎる味が、後から加える野菜といっしょに煮る間にほどよくなるしかけです。

ほかの肉、野菜にいくらでも応用がききますので、いろいろと組み合わせてやってみてください。

からりと味をからめるので、色もすっきり、さめてもおいしい。お弁当にとてもよく合う調理法です。

色合わせなんて気にしない、おいしいお弁当だってある

ほら、牛どんがいい例ですよ。あれはもう、ひたすら牛肉と玉ねぎ、ほとんどそれだけ。あとはおしんこくらい。でもおいしそう！　だけでなく、まこと、おいしい。あれにもし、サービス精神と色合わせ精神をとり入れたとしたら、もうゴチャッとしてとてもおいしそうには見えなくなると思います。

こんなお弁当のときには栄養的な面だけちょっと配慮して、緑の野菜をゆでてしょうゆあえにしたもの程度があればいいのじゃないかしら。

ご飯をおおうばかりに汁とともに入っているどんぶり形式のお弁当には、さめておいしいものがけっこうあるのです。

私は子どものころから、ゆうべの残りもののおかずのお弁当は大嫌いでした。だから母は毎朝新しくお弁当のおかずを作ってくれていましたが、いくつか例外がありました。それはすき焼き弁当。

ただし、これ、前夜の残りものとはいえないかな。夕食のすき焼きが煮えるとすぐに、母はお弁当用に取り分けておくのです。むろん、煮汁もいっしょに。翌朝それを再び煮立

てて卵でとじ、ご飯の上にたっぷり。

時間がたつとさめてしまうものですが、これは実においしかった。朝、火を入れ直すときに、母は春菊だけ新たに加え、きれいな色が出たら卵でからめるのです。だから緑の野菜も補われるというわけ。ほかにはお漬けものくらいのもの。

これ、真冬のお弁当には向きません。牛肉の脂が白く固まりますから。

では、色なんて気にしないのにおいしそう！　どんぶり弁当のあれこれをご紹介。ごくオーソドックスなものが無難です。妙に凝ったものほど、さめると味が落ちますからね。洋風もまず向きません。たとえばハヤシライスとかカレーライスとか。でも私の知人に、カレーのさめたのが大好きという人がいるの。こういう人なら、カレーライス弁当もいいのでしょうけれど。

牛どん弁当

これ、すき焼きとは違うんですな。牛どん屋さんの発明したもの。すき焼きみたいに、肉以外のものがあれこれ入っていないところが違います。

ぐつぐつ煮ながら鍋を囲み、おかわりしつつ食べるのと違って、お弁当箱という限られたスペースの中では味がごちゃごちゃしないほうがいいのです。そのかわり〝ささがきごぼう〟をぜひ入れましょう。お弁当箱のふたをあけたとき、ぷぅーんとごぼう独特のよい香りがしますから。

しょうゆとみりんを同量、砂糖を好みで少々、酒と水を各しょうゆの倍くらい、鍋に入れて煮立てます。そこに、アク抜きしたささがきごぼうと薄切りの牛肉を入れて煮ます。

玉ねぎは横5㎜幅のくし形に切って鍋に加え、洗うかゆでるかしたしらたきも加えます。このとき煮汁が少なくなりすぎたようなら、湯か水を足します。玉ねぎやしらたきが入るとわりと平気ですが。

ぐつぐつ煮えているところへ溶き卵を流し入れ、全体をとじます。

ご飯がやや温かみを残しているお弁当箱に、ご飯と同じくらいの温度にさまして汁ごとのせます。ただし汁けが多すぎたら、流れない程度に気をつけながら。

つけ合わせはできるだけあっさりした味つけの野菜か、きゅうりの塩もみや、おひたしなど。白菜の漬けものやたくあんといった香のものもよく合います。

きつねどん

ほとほとおかずの材料がないとき、油抜きして冷凍してあった油揚げが登場。室温に出しておけばすぐに柔らかくなりますから、大きく三つ四つに切ります。もし凍っていたら手でちぎってもかまいません。

煮汁は、牛どん弁当のときとだいたい同じ。煮立ったら油揚げを入れ、再び煮立ったら玉ねぎを適当に刻んだものを加えます。玉ねぎが煮えて味がしみたら卵でとじ、七味唐辛子をパッ。

玉ねぎではなくて、太めの長ねぎを斜め切りにしてもおいしいけれど、煮すぎは禁物。ねぎ類はさっと強めの火加減で煮るのがいい。

おきつねどん

これね、きつねどんとほとんど同じですが、お弁当箱のふたをあけたときに「ひゃーっ‼」って感じ。あのね、油揚げをまったく切らないんです。ちょっとお湯で洗った油揚げをそのまんまどーんと煮ます。1枚で足りなければ2枚でも3枚でも。いや、3枚はいくらなんでも多い。

広くて浅い鍋に煮汁を多めに煮立て、ただし急ぐのでじんわり煮なくてよろしい。強火でガーッと煮てしまいます。このときは玉ねぎだけでなく、しし唐辛子やピーマンといった野菜をいっしょに煮てもいいです。

煮汁をほどよくご飯にかけ、その上に油揚げを目いっぱい広げて置き、しし唐辛子やピーマンなどを散らします。

油揚げはおはしでちぎりながら食べるので、はし使いがまだ上手にできない小さい子には向きませんが、そうでなければおもしろくて味もよく、何より経済的で、かつ、そうは見えないというお（大）きつねどんです。

つけ合わせはほうれんそうやキャベツ、白菜のおひたしとか、即席漬けが合います。

木の葉どん

親子どんぶりはだれでもご存じのもの。それのとり肉がかまぼこに化けたから木の葉という説あり。なぜ木の葉かというと、きつね（またまたきつね）が頭に木の葉っぱをのっけて、ドロンドロンと化けるからということらしい。

いやいやそうではなくて、かまぼこを木の葉に見たてた風情あるものという説もあり。どうでもいいけど、私は前者の説のほうがユーモアがあっていいな。

これはもう、きつねどんと作り方は同じ。刻んだかまぼこ、玉ねぎ、しいたけ、長ねぎなどを使い、卵でとじる、これだけのこと。かまぼこは、ヒンシュクをかうかもしれないけど、少しピンク色がついてるほうがきれい。きれいなのも食欲をうながす要素のひとつですもの。

これごときに目くじらたてたら、中国のお菓子を見たらひっくり返りますよ。ショッキングピンクや、真っ青のお菓子がいっぱい。でも中国の人、元気。まあ、これは個人の自由。白かまぼこでも、焼きかまぼこでも、そうそう、ちくわやなるとでも。

かつどん

言わずと知れた、どんぶりの王者格。

私個人としてはそうおすすめ品とは思えないのですが、あえて紹介することにします。夕食にとんかつをしたとき、お弁当用についでに作って冷凍しておくと、「何もない！」というとき、役に立つからです。但《ただ》しとんかつの冷凍も家庭の冷蔵庫ですと保存に限界があるので、3週間以内をメドに使い切ること。どんぶりものって、こうして書いていくと作り方はほとんど同じであることに気づきます。

とんかつはふつうより薄い肉を使い、揚げておきます。冷凍してあったものなら、前夜のうちに冷蔵室のほうに移しておきます。もし朝、突然に使うとしたら、えいっとばかりに凍ったまま。ただし、煮る時間がかかるし、ころもがとろとろになりますが、それでもないよりまし。とろとろは溶き卵でごまかせばいいのです。

例によって煮汁を煮立て、玉ねぎを入れ、とんかつを切って入れ、煮立ったら卵とじ。

ね、まったく同じ。だから、どんぶり弁当は続けてはしないこと。

でもね、いつもこまごまとおかずがあっても、お弁当ってやっぱり飽きることがあると思うんです。そんなとき、たまにどんぶり弁当みたいなのがどかんとあると「こういうのもなかなかいい」という気がするんじゃないかな。

ただし、ふつうの煮ものと違うところは煮汁を濃いめの味にすること。ご飯にしみ込ませたとき、味のうすい煮汁だと、ただご飯がふやけていやな味になります。

それから、必ずたくあんとか奈良《なら》漬《づ》けなどの漬けもの、紅しょうがといったものが欲しいです。つけ合わせの野菜はけっして濃い味にせず、塩味だけか、ほんの少しのしょうゆという程度に。

お弁当箱にもTPOがある

お弁当の話をするのに、いれものの条件は避けて通れません。

〝お弁当は、しょせん昼食を移動させただけのもの。原点はにぎりめしを包んだ竹の皮にある……〟

ということはすでに申し上げました。お弁当箱なんてなんだっていい、と思われた方がいらっしゃるかもしれません。ところがどっこい、そうとばかりはいえません。料理が、器によっておいしくもまずくも見えるように、お弁当の味も、容器によってかなりの違いが生じるものです。

私のお気に入りは、古い古い黒塗りのお弁当箱。夫の祖母からもらったものです。黒の地に金箔《きんぱく》と渋い朱、その他の色で、つがいの鶏が描かれています。大きさは18㎝×12㎝、深さが4㎝で、ちょうどほどよい大きさです。

学校の保護者会などで昼食持参の日、おかずの彩り、色合わせだけは考えてこれに詰めていき、パッとふたをとりますと、

「さすが、料理研究家ね!」

などといわれて、ちと面はゆい。

だって、中身はとりのつくねやほうれんそうのおひたし、卵焼き、にんじんをささっと煮たものにお漬けもの、といった、ごくごくふつうのものにすぎないんですから。じいーっと見つめられたら「なーんだ」といわれるようなものばっかりです。

でも、お弁当って、ふたをあけた瞬間に「おいしそっ」と思わせてしまうのがコツなのだ。フッフッフッ。

だからといって、このお弁当箱だとなんでもおいしそうに見えるかというと、そんな魔法みたいなわけにはいきませぬ。おかずの色によっては効果も半減します。食器にだってそんな万能のものはないでしょう。

たとえば、焼いたとり肉をご飯にのせ、もみのりを散らすとしましょうか。黒塗りのふちと、焼きのりの黒とで、どうも沈んだ感じ。同じおかずでも朱塗りのお弁当箱だったら、うわっと食欲、でしょうね。

でも、そんなにいろいろとお弁当箱は持てません。だから、紅しょうがだとかにんじんの煮もの、ラディシュの塩もみといったものを、緑の野菜とともにアクセントとして添えることにしています。こうすると、黒地に黒いのりを散らしても明るくなりますから。

さて、幼稚園や学校、あるいは職場など、食べる場所や量に応じて選べるように、お弁当箱もいろいろ売り出されています。それぞれに利点と欠点はありますので、気をつけて選んでください。

手軽で安価なプラスチック製

今は、お弁当箱はプラスチックなど、合成樹脂製が全盛の時代。私は、プラスチック製の密閉式容器はサンドイッチのときしか、どうしても使う気がしません。密閉式のよさは、汁がもれないという大メリットにあるでしょう。それならば、いまだかつてお弁当箱からチョロリとも汁を出したことなき名人としましては、必要ないのです。

でも、やはり手軽に使えるという点では人気のあるものですね。

見た目豪華な二段重ねのお弁当箱

二段弁当というのも、かさばるけど魅力的。おかずがいっぱい入るので作り手はたいへんだけど、それこそ豪華に見えます。駅弁なんかでね、こちらはご飯とおかずがいっしょに詰まった折り箱を広げ、斜め前の人が二段重ね、なんてことあるでしょう。

〈どこで買われたんだろうか——あーぁ、あれが食べたかった!〉と斜め前の人の手もとに視線をチラリ。心の中も、ちらちらと何やらいやしき思い……。

そこで、買いました。二段重ねのお弁当箱。ただしプラスチック製。東京の浅草橋で千円でした。赤い塗り、ふたにだけ黒で細くふちどり。うれしいことに、私の最も好きな桜の花が白で散っています。

在宅の日は、朝からこれにお弁当を作ります。娘のお弁当作りがあるので、そのついでに。助手のアコも、お弁当を作ってきます。私のも持ってきてもらうことがあります。そんなとき「おいしいね」といいつつ、気づいたことをその都度話すのですが、彼女のお弁当は、作るたびによくなってきました。

初めのころは気が張っていて、もうおかずだらけ、アルミのケースだらけ。近ごろのは短時間でテキパキ作ったという感じがよく出ています。

お弁当作りって、料理上達法としては最も近道です。

現在、私も娘のために毎朝お弁当作りをしているおかげで、机上の空論弁当話をせずにすむし、現実には考えられない、といった職業上のアイデア弁当を作らずにすんでいます。

さて、なんの話でしたっけ？　そうそう、二段重ねのお弁当箱でした。とにかくこれ、プラスチックではあるけれど、とても気に入ってます。

たいへん食べやすい楕円形《だえんけい》で、上の段のおかず入れのほうは浅め。下の段のご飯を入れるほうは、底に向かって少しすぼまっています。そのために、食べ終わったら上下をすぽっと入れこにしてしまえるんです。

二段重ねを買う際、これは気をつけたいこと。どれでも入れこになるとは限りません。食べ終わったあとでも、二段重ねのままのかさばり弁当箱ではつまんない。食べる前なら少々かさばっても楽しみがありますけどねぇ。好みによって上下どちらをご飯に、あるいはおかず用にするのもまったく自由なことは、いうまでもありません。

木製塗り箱

私の母からもらった、塗りの長方形のお弁当箱があって娘に持たせていました。いつの間にか角の塗りがはげてくるんです。なぜだと思います？　毎朝の電車のラッシュで、通学カバンがあっちにぶつかり、こっちにぶつかりするものだから、ついに角がはげてきたというわけ。で、いろいろ考えたあげく、あ、そうだ、あれならいいぞと思い出したものがありました。

曲げわっぱ

これは新潟や秋田方面で作られる木工品の一種です。1枚の薄板をぐるりと曲げて作る、たいへんに軽いもの。お弁当用にもいろいろ作られ、都会のデパートでも売られています。長方形や円形、二段重ねなどいろいろありましたが、私は楕円形のものを買いました。色もよく、姿もよく、自然の香りがするお弁当箱です。ただひとつ残念な点は、全体に薄くアクリル樹脂の塗装がなされていること。ほんとうにむくのままならご飯の蒸気など木が吸収してくれるのに、これでは塗りやプラスチックと変わりませんもの。ちょうど、おひつに樹脂加工するようなものだと思うのですが、でも、防水性という利点はあります。

それはさておき、曲げわっぱは大成功。いくらラッシュでもみくちゃにされようと、木に柔軟性があるのでびくともしません。楕円形だから角はなし、はげようもありません。

楕円、小判形のお弁当箱はおすすめ品です。見た目よりなぜか多く入るので、小食の子どもには、かえっていいのではないかしら。少なそうに見えるから、ついつい食べてしまうという……そうはうまくいかないかな。逆にいうと、これの深めのものにはほんといっぱい入りますから、大食漢にも喜ばれます。

曲げわっぱのいい点をもうひとつ。材質が木で、色がうすいですから、何色のおかずでも見ばえがします。地味で上品な印象もあって、娘も私も、目下のところとても気に入っています。食べやすさもバツグンだそう。

アルミ製だって捨てがたい

俳優の加山雄三氏がまだ若き青年時代、撮影所に持ってくるのはいつもでっかいドカベンだったとか。ドカベンといえば、あれはもうぜったいアルミですな。プラスチックや塗りのドカベンなんて、およそ想像できないもの。

旺盛《おうせい》なる食欲を満たす若者のお弁当なら、アルミ製の、それもあっちこっち、でこぼこといびつになったドカベン以外考えられません。息子が高校生くらいになったら、私もそんなのを探さねば、と思っております。

中身がごちそうに見えるという効果は期待できないけど、おかかやのり弁にはアルミがぜったい。ただし、ご飯に梅干しをのっけてふたをしめると、梅干しの当たった部分だけふたがいたんでしまう危険はあるのですが。アルミ弁の時は梅干しはみえながらもギュッと押しこめることです。

アルミが似合う年齢って、ある気もします。工事現場や建築現場で、額の汗をぬぐいつつ、大きなアルミのお弁当箱を広げている人たちを見ますと、働くっていいなぁ、すごくおいしいんだろうなぁと思います。奥さんが心を込めて作られたんだな、ということが伝わってくるようです。

お弁当箱は、1個あればいいってものではないと思います。おかずの内容によって、あるいは気分によってかえれば、お昼がもっとおいしくなるのでは? 洗い忘れるってこともあるし、一人につき2個はあったほうがいいと思います。

洋風おかずも、こうすればおいしくなる

魚や肉の洋風料理って、お弁当に入れたら味が落ちると思いません? あれは料理したらすぐに食卓に出し、ソースをたっぷりと添えるからこそおいしい料理なんですよね。コロッケや魚のフライなら、さめると揚げごろもが堅くなってしまいます。そのまま食べれば味はうすいし、ミニ容器のソースをかけても、ころもにはなじまないで流れてしまうだけ。

肉のソテーにしても脂肪分が妙に舌にさわって、焼きたてにソースをかけた味からはほど遠いものになってしまいます。

つまり、洋風料理って原則的にはお弁当の、ご飯のおかずには向かないようです。「でも食べたーい」ですと? では、ひと工夫必要になってきます。どうすればいいか? できたてより味が落ちる点を、補ってやることを考えればいいのです。たとえば——、

パサパサ乾燥させない工夫

ミニ容器のソースをかけるより、詰める前に全体に味をなじませてしまう工夫

脂肪がさめて固まらないような工夫（バターじゃなくてサラダ油とか、肉は赤身とか……）

などなど……。要するに、和食のおいしいおかず調理をまねて、味を含ませてしまえばいいのです。例をあげて説明しましょう。

お弁当ハンバーグ

フツーのハンバーグを、たれ（ソース）の中でひと泳ぎさせただけ。それだけで、まさにお弁当のおかずに大変身！

ハンバーグの作り方はごくふつう。こういうのは夕食でおかずにしたとき、やや小さめに作っておいて、ついでに焼いちゃってから、冷凍しておくといつでも使えます。

わざわざお弁当用に作るなら、肉（牛ひき、または合びき）はせいぜい70g。みじん切りの玉ねぎは大さじ1くらいかな、いためればくずれにくいけど、面倒ならそのまま。パンかパン粉を肉の4分の1量。パンなら水でふやかしてきゅっと絞って使います。つなぎに卵が欲しいけど、この分量ならうずらの卵が便利です。

味つけは塩とこしょうを適量。形もごくふつうの小判形にしますか。大きすぎるようだったら2個にしたほうがいいでしょう。焼き方もふつうに。冷凍するなら、ここまでやってから。さて次なる作業がこの項のメインの味つけ。

小鍋に水3、酒2、しょうゆとトマトケチャップ各1の割合で入れ、煮立ったら焼き上げたハンバーグを入れてよーく味をからめます。ひとりぶんのハンバーグならしょうゆは小さじ1で充分。

片栗粉《かたくりこ》でごくゆるいトロミをつけてもいいものです。冷凍してあったものなら、前夜のうちに冷蔵室に移しておくこと。こうするだけで、たれにしょうゆが入っているために、白いご飯とピシッと合うのです。口あたりもパサつかないし、もちろんさめておいしい。

調理済みハンバーグが多く市販されているけれど、私はぜったい手作りしたい、ハンバーグは。市販のものはどこかうさんくさく、ついついパッケージの材料をガン見。もし買うなら、せめて良心的なお肉屋さんの手作り品くらいね。

「つけ合わせ」にんじんのスープ煮、キャベツのレモンあえなど。このほかハンバーグといっしょにピーマンを煮て添えるのもおいしい。

このときのご飯は、おにぎりにしたり、ふりかけをかけたりしないほうがいいですね。

お昼が食べごろアメリカンサラダ

あるアメリカの婦人に教えてもらったボリュームサラダ。前の日の夜作ったというのをいただいたのですが、たいへんおいしかった。「こりゃぁお弁当にいいな」と、さっそく作ってみました。

だって、冷蔵庫に入っていたものを翌日食べてあれだけおいしいんだから、お弁当に持っていったとしても、お昼にはちょうど食べごろのはずでしょ。思ったとおりの大成功！

ポテトサラダに近いものなのですが、これをパンにのっけて食べるのもオツなものですよ。

[材料] じゃが芋、カリフラワー、もやし、きゅうり、ピーマン、玉ねぎ、ゆで卵

[作り方] じゃが芋、カリフラワー、もやしは、ゆでて適当に切り、ゆで卵もくし形に切っておく。きゅうりは輪切り、ピーマンはせん切り。玉ねぎは薄切り。

下ごしらえした材料全部を適当に混ぜたら、密閉容器に入れてレモン汁を好きなだけぴゃーっと回しかけ、マヨネーズもトロットロッと回しかける。上にマスタードを好みの量だけ置いたら、ぜったいに混ぜないでふたをきゅっとしめて冷蔵庫へ入れておく。

翌朝、そのままお弁当として持っていき、お昼にふたをあけたときに初めて混ぜます。なぜ混ぜてから冷やさないのかわかりませんが、多分、混ぜてからだと材料から水が出るのかもしれませんね。これ、ふたにマヨネーズがつくところだけが欠点。

もやしが入るところがおもしろいなと思いました。パンを持たないときはゆでたマカロニでも入れると、それだけで主食と副食を兼ねることになります。

サラダって、冷蔵庫から出したてのものは冷たすぎておいしくないですよね。ポテトがじわっと歯にしみたりして、すゎ！　虫歯か、などとあわてることもあります。このサラダもそう。作りたては、なんだかサラダらしくなくって、あまりパッとしたものではありません。

冷蔵庫で一晩冷やしたものが庫外の温度に数時間おかれるからこそおいしくなるようです。私はホームパーティに招かれたときにごちそうになったのですが、やっぱりパーティの数時間前に冷蔵庫から出し、食べる直前に混ぜられていました。

ただし、このお弁当も暑い季節は避けたほうがいいでしょう。作りたてのものに限りますものね。ハムを入れたりほかの野菜を加えたりして、涼しい季節にぜひ作ってみませんか？　ちょっとおもしろいものが食べたいときに。

こうすれば、お昼に冷たーいものが飲める

知ってる人には「なーんだ、そんなこと」といわれそう。でも、初めてお弁当を作る人もいるでしょう、そんな人のために。

つめたいサラダのアメリカ弁当

秋、遠足のシーズン。気候もよく、たいていは暑くも寒くもないころです。でも遠足やピクニックでは、よほど肌寒い日でもせっせと歩くので汗ばむものです。それに、のどもよく渇きます。朝作ったお茶の、ぬるーくさめたのは、あまりおいしいとはいえません。

そこで、お茶は前の晩作ってさまし、寝る前に冷凍庫に入れるのです。すると朝にはカチカチに凍っています。それを持っていくのです。お昼ごろになるとちょうど解けてきて、冷たくてほどよい飲みごろ。

ふだんのお弁当でも、うちの子どもたちは冷たくしたものを持っていきたがります。コップくらいの大きさの密閉容器にお茶を入れて、凍らせるのです。お茶だけでなく、パンのときにはミルク、レモンジュース、紅茶やコーヒーなども。

缶入り、紙パック入りのジュースや牛乳も多くなってきましたね。これらは容器のまま冷凍庫に入れられるのでたいへん手軽です。意外においしいのがコーンスープ。口あたりがよくって、あぁおいしい！ って感じになります。

凍らせて持っていく利点はほかにもあります。まず、朝のあわただしいときにお茶の支度をしなくてすむ点。コンロも湯沸かしのために占領されなくてすみます。もうひとつ、季節によってはお弁当の周囲を冷やすことで、腐敗を防ぐ効果も期待できます。

冷たい飲みものが好きな人は試してみては？

寒ーい冬には、この工夫で

朝起きたら鼻のアタマまで冷たーくなり、吐く息まで白い……というような寒い寒い日のお弁当は、やっぱり気をつけて作らなくっちゃ。

動物性脂肪が多い肉、魚を、ふつうに料理したのではまずダメ。どんなにおいしく作ったそぼろだって、脂肪の部分が白くなって口の中でざらっとし、食べられたものではありません。

だからといって、肉類のおかずをあきらめることはありません。たとえば、ひき肉だったらおだんごにして油で揚げ、たれやあんをからめれば気になりません。肉だったら、薄切りのものを焼いて調味料に漬け込む方法（152ページ参照）がいいでしょう。この場合、調味料の中にサラダ油とかごま油といった植物油を少々加えておくと、脂肪の部分が固まりにくくなります。

寒い日はご飯がことに冷たく感じるものです。熱い愛情が込められたご飯でも、ひやっと固まっていては、いっそう寒さをつのらせてしまいますよね。

私の母は、子どものためなら過保護といわれようがなんといわれようが、大事に大事にする人でした。だから私の冬のお弁当は母手製の、毛布のようなウールを二重にして作った袋に入っていたものです。少々かさばるのが難点でしたが、冬の間じゅうそれを持って学校に通いました。お昼にあけますと、さめてはいるけど冷えきったという感じではなく、なんだかまだぬくもりが感じられて、ぽわぁんとあったかい気がしたものです。

私は今、とても子どもたちにそんなことしてやりません。してやったとしても「やーだ、そんなのダサーイ」といわれるかもしれませんね。そこで冬の寒い間は、ご飯そのものに次のようなちょっとした心くばりをします。

寒い日ご飯の炊き方

ふだんよりやや柔らかめに炊きます。堅めのご飯が冷えきってしまうと、どうしてもガチガチの歯ざわりになってしまいます。水分を少し多めにして柔らかめに炊くことで、それがかなり防げるからです。浸水時間も可能なら30分くらいあった方が冷めてから美味しいです。

ふりかけ類やおかかを混ぜ込む

こうするとご飯粒同士がくっつきにくくなるので、堅い感じを与えず、食べやすい感じになります。

のりやおかかでびっしりおおう

混ぜ込むだけでなくご飯の表面をおおってしまえば、乾かなくていいものです。ま、そこまでしなくてもいいかもしれないけれど、食べる人にほわぁんとあったかい気分を与えるのはうれしいじゃないですか。過保護毛布的ウール袋とまではいかないにしてもね。

子ども〝学校給食献立表〟を上手に利用すれば

息子が小学校高学年のころ。学校給食がありまして、毎月初めには給食の〝こんだてひょう〟なるものを持ち帰ります。これがなかなかおもしろい。

もしあなたに、給食のある小学生とお弁当持参の中学生がいらっしゃるとしたら、その〝給食献立表〟が、実に参考になるのです。表には一か月分の献立が出ています。それをじーっと見て、フムフムなるほど、なかなかおいしそうとか、ひゃーっマズソウとか、給食にしてはなかなかやるわいとか……思うのはこの際いっさい関係なし。

私は息子の給食献立表を見つつ、中学1年になる娘のお弁当予定を、すいすいっとノートに書きつけていくのです。

この作業が私は好きなんです。だってほんと、おもしろいですよ。それに、あとでとってもらくですし。

どんなふうにするかといいますと、息子の給食メニューをそのまま娘用にいただいて、材料をそっくりまねすることから始まります。こうすると二人の子どもは、お昼にはだいたい同じものを食べることになって、夕食のおかずが重ならないように考えることができます。つまり一石二鳥というわけ。

たとえば次にご紹介するのは、娘に持たせたある一週間のお弁当メニューです。

6月1日（金）　豚肉のカリン揚げ　※
キャベツのレモン味
ミニトマト
にんじんのインチキ煮　※

※豚肉のカリン揚げは、豚肉を細長く切って甘辛味のから揚げにしたもの。
※にんじんのインチキ煮は163ページ参照。

6月4日（月）　ウインナソーセージ入り卵焼きのサンドイッチ
いんげんのソテー
フルーツサラダ

6月5日（火）　まぐろの焼き漬け　※
3色野菜の塩もみ
ピーマンソテー　※
※まぐろとピーマンはフライパンで焼き、漬け汁（148ページ参照）へ。

6月6日（水）　豚肉と野菜のカレー煮
きゅうりとセロリのサラダ

6月7日（木）　じゃが芋ととり肉の甘辛煮　※
ゆでピーマン
にんじんとパセリの塩もみ　※

※甘辛煮のじゃが芋は、前日ついでのときに、ひと口大のものを皮つきのまま油で揚げておくとらく。当日、とり肉、玉ねぎといっしょに煮ます。

ほら、もうこれで一週間分。こんなふうにちょっとした参考例があれば、次々どんどんできてしまいます。ただし、なかにはスパゲティ・カレーソースのように、お弁当にはできないものも登場します。

焼きそば、八宝菜、チャーハンとにら卵スープ、かき卵コーンスープ、みそ煮込みうどん、冷やし中華そば、マカロニのクリーム煮、などなど。

汁ものやめん類、さめるとまずくなるものなどはお弁当には向きません。そんな場合にどうするかというと、次の四つのコースのいずれかを選ぶことになります。

(1)給食献立表の主菜から主材料を抜き出し、それを使ってお弁当用のおかずを作る。

たとえば給食献立表に〝八宝菜〟とあれば、主材料の豚肉を使って、〝薄切り豚肉のしょうが焼き〟などを主菜にすることを考えます。野菜も、もちろんアレンジを考えてたっぷりと。にら卵スープなんていう日は、にら入り卵焼き（188ページ参照）を主菜にして、あとは自由に工夫するとか……。

(2)まったく給食献立表とは無関係に作る。あるいは、二週間以上離れた日のおかずをちゃっかりいただいてしまう。

(3)サンドイッチなどのパン食にしてしまう。

(4)給食の主菜はどうしても肉類が多いので、魚をメインにしたおかずを考える。

ここではとりたてて書きませんでしたが、つけ合わせの野菜は表に関係なく、できるだけ季節のものをとり合わせたいものです。たとえば春なら菜の花、ふき、グリーンアスパラガスなど……。

とにかく下の子の給食献立表のおかげで、お弁当の献立作りがおもしろくてなりません。表をしっかり見ているくせに、まったく違うものへと想像力が飛躍して、いったい表のどこを参考にしたんだろう？　と我ながら不思議に思えるおかずになったりもするんですな。

「あいにく、うちにはそういうものがありません」という人には、ほかにもいい資料があるのです。それは『365日のおかず献立』とか『お料理カレンダー』といった本を利用する方法。料理の作り方を学ぼうとするのもけっこうですが、ただ献立を思いつくキッカケのためにページを開くのです。かるーく眺めるだけでアイデアがどんどんわいてくるはずです。

左に献立表を置き、右にノートを広げて左をちらっちらっと見ながら、右手でタッタタッタと思いつくままに書いていきます。前記の例ではつけ合わせまで書いていますが、予定をメモするには主菜だけ書けば充分。

実際に作るときになって肉が続いたなと思えば魚にすればいいし、野菜類は早くから細かく決めることはありません。前日、八百屋さんの店頭に立って、安くておいしいものを買い求めればいいんですから。

ま、だまされたと思ってやってみてくださいな。ただし、一か月分もの長期の予定はたてないこと。長くても一週間分くらいが適当でしょう。

3章

さめておいしい特選おかず集

ぜったい喜ばれる主菜66品

おいしい料理は数々あれど、ここにあげたのはさめておいしいお弁当向きのおかずばかりです。

これらの主菜をヒントにまずひと品を選び、その色を中心に、組み合わせたときの味を考えつつ副菜を選び、献立をまとめてください。油ものが多く見えますが、煮ものは別の章にもあります。みりんはお子さんとアルコールに弱い方向けには、火にかけてから使って下さい。

肉類のおかず

●きじ焼きご飯

とりもも肉は余分な黄色い脂肪を取り除き、皮のほうに何本か切り目を入れ、フライパンに油を熱して皮のほうから両面こんがりと中に火が通るまで焼く。焼きたてを、しょうゆ・みりん各同量（もも肉1枚に対して各大さじ1くらい）を合わせた中に漬け込んでおく。味がしみたら、薄いそぎ切りにしてご飯にのせる。

もみのりがよく合う。漬け汁も少しかけるとおいしい。

●焼きとり風

１㎝厚さの半月に切ったにんじんを水からゆで、沸騰してきたら、ひと口大に切ったとり肉を加えてゆでる。しょうゆ・みりん・酒各同量に好みで少々の砂糖を加え、とろっとするまで煮つめる。

竹串に、ゆでたにんじんととり肉を刺してかるくあぶり、煮つめたたれを塗る。白いりごまをふってもおいしい。

●とり肉のたつた揚げ

とりもも肉はコロコロのひと口大に切り、しょうゆ・酒・みりん各少々をよく混ぜ込み、片栗粉《かたくりこ》をまぶして中温の油で揚げる。

片栗粉は、下味の中に混ぜ込んで揚げてもよい。

●とり肉の卵揚げ

とり肉にしょうゆと酒各少々をからめて下味をつけ、少したっぷりめの片栗粉をまぶす。そこに卵（1人分ならうずらの卵）を落としてよく混ぜ、中温の油で揚げる。下味に、しょうがやにんにくのおろしたものを加えてもおいしい。

とり肉は、もも、手羽など、から揚げに使うような部分で。卵が入るので、口あたりがソフト。

●とり肉のケチャップ煮

とりもも肉（½枚くらい）は小さめのひと口大に切り、片栗粉をまぶしてゆでる。パイナップル（缶詰）1枚は、肉と同じくらいの大きさに切る。

小鍋《こなべ》にトマトケチャップと水各大さじ1、しょうゆ少々を入れて煮立たせ、肉、パイナップルの順に入れて味をからませるように煮る。

●とり肉のケチャップがらめ

とりもも肉は食べよい大きさに切り、片栗粉をまぶして中温の油で揚げる。揚げたてにトマトケチャップをからめる。

●磯辺《いそべ》揚げ

とり手羽肉または白身魚を食べよい大きさに切る。しょうゆ少々をからめ、片栗粉をまぶしてのりを巻き、中温の油に巻き終わりを下にして入れ、色よく中まで揚げる。

●フライドチキン

とり手羽元肉に塩、こしょうをしてレモン汁をまぶし、ひたひたに牛乳を注ぐ（前夜準備しておく）。

小麦粉に塩・こしょう・カレー粉・パプリカ各少々を加え、ころもを作る（塩は少しきつめ）。

牛乳にひたしてあったとり肉の汁けをふきとり、ころもをまぶして中温の油でからりと揚げる。パンのお弁当に最適。牛乳にひたすと、非常にかるい味になる。

●とりささ身のチーズ巻き

とりささ身はスジをとり、縦に切り込みを入れて薄く広げる。１cm角くらいの細長い棒状のプロセスチーズを、広げたささ身で巻き込む。

フライパンにサラダ油を熱し、巻き終わりを下にして焼きはじめる。弱めの火でふたをし、中に火が通るまでしっかり焼いて火からおろし、しょうゆ少々をからめる。とりささ身は火の通りが早い。

●とりささ身のみそソテー

とりささ身はひと口大のそぎ切りにして片栗粉をまぶし、食べやすい大きさに切ったピーマンといっしょに油でいため、みそとみりん各少々で味をつける。焦げやすいので注意。

青じそをくるりと巻いても風味がある。手羽肉を使ってもよいが、皮なしの方がよい。

●とりささ身とコーンのかき揚げ

ささ身1〜2本は小さく刻み、粒状のコーン大さじ2、刻みパセリ・塩各少々、卵（うずら卵）、水大さじ1、とよく混ぜる。そこに小麦粉を適量ふり込んでかるく混ぜ、中温の油に、スプーンですくい落として揚げる。

●牛肉のロール煮付け

牛薄切り肉に片栗粉を少々ふり、5㎜角のスティック状に切った、にんじんやいんげん、セロリなどを置いて、端からくるくる巻いてようじでとめる。しょうゆ、みりん、水（しょうゆの4～5倍くらい）を煮立てた鍋に入れ、ふたをして10～15分くらい煮る。牛肉は赤身がよい。

●牛肉のうま煮

鍋にみりん・砂糖・しょうゆ各同量を煮立て、牛薄切り肉を入れて煮る。火が通ったら肉だけ取り出し、煮汁をとろっと煮つめて再び肉を戻し入れ、味をからめるようにして煮上げる。湯を少々と調味料を足して、しらたきやピーマンを加えて煮てもよい。

●ハムの落とし揚げ

1㎝角に切ったハムと水けをきった大豆缶に卵・水・小麦粉・片栗粉各適量を、どろりとなるように混ぜ合わせる。熱した油にスプーン2本を使って落としながら、からりと揚げる。ハムの塩味だけで充分おいしい。

●ウインナソーセージ揚げ

ウインナソーセージに小麦粉、溶き卵、粉チーズ（パン粉の¼量）を混ぜたパン粉、の順につけ、中温の油でからりと揚げる。揚がったら、ケチャップやソースなどをかける。

●串《くし》カツ

しょうゆ少々を落とした熱湯でゆでた、親指大の豚肉やとりレバーと、食べよい大きさに切ったちくわ、ウインナソーセージを、1個ずつ串に刺す。小麦粉、うずらの卵、水、でとろーりとさせたころもをつけ、パン粉をまぶしてからりと揚げる。揚げたらすぐにウスターソース少々をかける。

●チーズの巻き揚げ

適当な大きさに切ったプロセスチーズを、市販のギョウザの皮に包んで、はがれないようにしっかり水でとめ、うすいきつね色になるまで揚げる。パンのお弁当に。

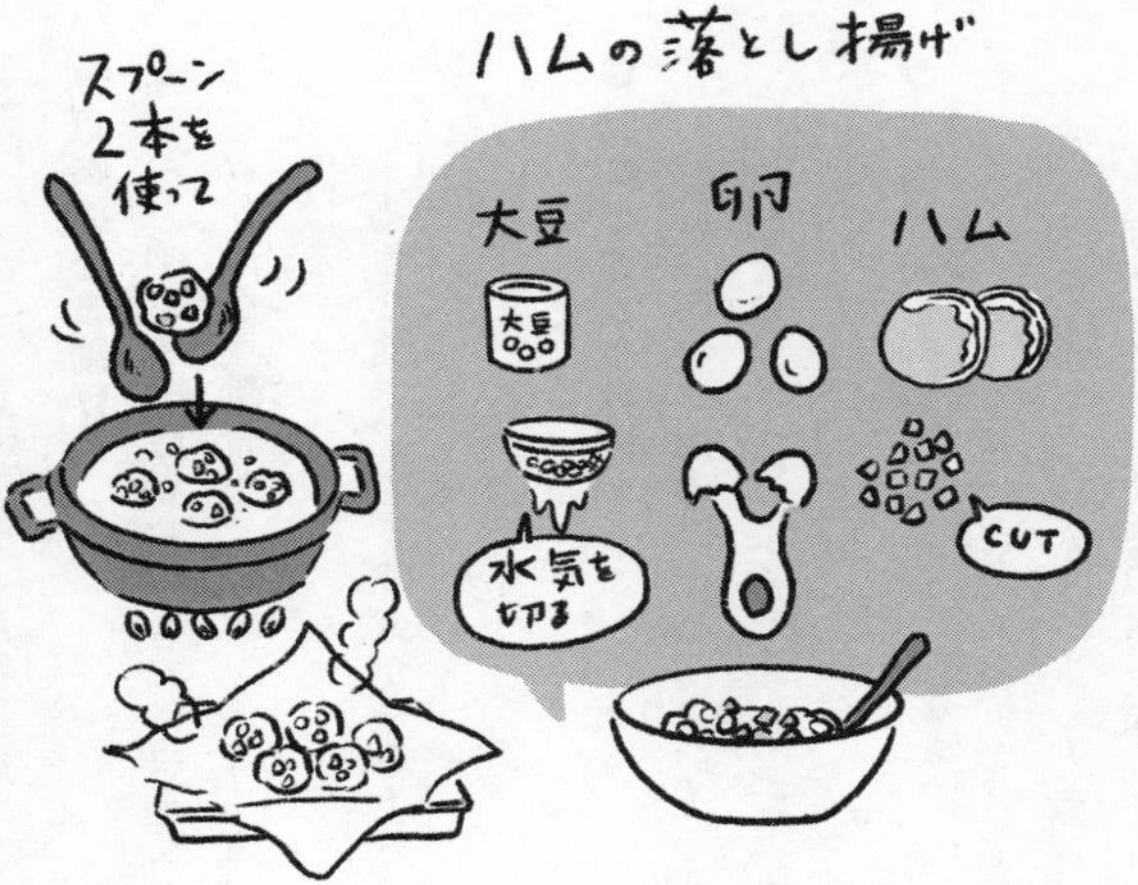
ハムの落とし揚げ
スプーン2本を使って
大豆
卵
ハム
大豆
水気を切る
CUT

豚肉のごま揚げ
小麦粉をまぶす
白ごまを押しつける
からりと揚げる
酒
しょうゆ
しょうが汁
豚肉

●**豚肉のごま揚げ**

1㎝厚さの豚赤身肉またはロースとんかつ用のお肉にしょうゆ、酒、しょうがの絞り汁を適量合わせて肉を漬け込み、小麦粉をまぶして、片面に生の白ごまを押しつける。

熱した油で、中まで火が通るようにからりと揚げる。とり肉を使ってもおいしくできる。

●**豚肉のカレー揚げ**

ひと口カツ用の肉を食べよい大きさに切る。しょうゆ・カレー粉各少々で下味をしっかりつけ、片栗粉をまぶして、熱した油でからりと揚げる。

●**薄切り肉と野菜の甘辛煮**

酒・しょうゆ・みりん各同量を煮立たせ、牛または豚肩ロースの薄切り肉を、広げるようにして強火でわーっと煮る。煮えたら肉だけ取り出して、そこに薄切りのれんこんとひたひたの水を加えて煮、途中でしし唐辛子も入れてさっと煮からめる。

ご飯の上にのせてもおいしい。

●薄切り肉のソース焼き味

牛または豚薄切り肉は小麦粉をまぶしつけ、油少々で両面こんがり焼く。焼きたてをウスターソースに片面だけ漬けておく。つけ合わせには、キャベツの塩もみがよく合う。

●ミニはるまき

豚かとりのひき肉に玉ねぎ、ピーマンのみじん切り各適量を加え、塩・しょうゆ・片栗粉各少々を加えてよく混ぜる。それをワンタンの皮に小さじ1ほどのせてくるくるっと巻く。両端と巻き終わりは水をつけてぴったりはりつけ、油でからりと揚げる。

●カレー味の三角帽子

牛ひき肉に玉ねぎのみじん切り・カレー粉・塩各少々を加えて混ぜ合わせる。ワンタンの皮に適当な量をのせて三角になるように折りたたみ、まわりに水をつけてしっかりはりつける。

揚げ油を熱し、からりと揚げる。パンのお弁当に合う。

●シュウマイ

豚ひき肉に片栗粉少々まぶしたみじん切りの玉ねぎ（肉の1/3量）を加え、塩・こしょう・ごま油各適量を入れて混ぜ合わせる。

シュウマイの皮に包んで10～15分くらい、肉に火が通るまで蒸す。

●肉だんごの甘酢あん

とりひき肉50ｇにうずらの卵、にんじんのすりおろし少々、片栗粉大さじ1、塩・しょうゆ各少々で下味をつけ、小さめのだんごに丸めて油で揚げる。

鍋に水・砂糖・米酢・しょうゆ各同量を入れて煮立て、水溶き片栗粉を入れてやや固めにとろみをつけ、肉だんごを入れてからめる。

●ミートボール

とりひき肉50ｇにみじん切りの玉ねぎを加え、塩・こしょう・生パン粉・牛乳各少々、うずらの卵を入れてよく混ぜる。小さめのひと口大に丸め、サラダ油少々でいためる。そこに直接ひたひたの熱湯を入れ、強火で煮る。火を止めたらウスターソース・ケチャップ各少々を加えて、味をからませる。

パンにもご飯にも合う。

●五色串

とりひき肉におろし玉ねぎ・パン粉・塩各少々を加えてよく練り、ひと口大のだんごに丸める。しょうゆ・砂糖・水各同量を煮立て、だんごを照りよく煮つける。

さつま芋を皮ごとひと口大に切って、素揚げにし、煮つけた肉だんごといっしょに串に刺す。

固ゆでにしたうずらの卵、ひと口大に切ったにんじんの甘煮、きゅうりをひと口大に切って甘酢につけたもの、を別の串に刺す。

●れんこん肉だんご

とりひき肉50gに、れんこんのすりおろし大さじ2としょうがのすりおろし少々、うずらの卵1個、小麦粉大さじ1、ごま油少々、塩・しょうゆ各少々を入れてよく混ぜ合わせる。

油を中温より少し低めに熱し、スプーンを2本使って丸く形づくりながら落として揚げていく。

最後に温度を上げてからりと仕上げる。甘酢あんをからめてもおいしい。

●親子焼き

玉ねぎのみじん切りととりひき肉をサラダ油少々でいため、しょうゆ・砂糖各少々で味をつける。溶き卵とみじん切りパセリを加え、オムレツ形に焼き上げる。卵2個に対して、とりひき肉50g、玉ねぎはひき肉の1/3量くらいが適量。

●とりのつくね煮

とりひき肉に卵・おろししょうが・しょうゆ・片栗粉各適量を加えて混ぜる。

鍋にみりん・酒・しょうゆ各同量と水（調味料の2倍）を煮立たせ、スプーン2本を使ってとりひき肉を丸めて落としていく。煮汁が足りなければ、湯か水をひたひたに足す。ときどき鍋を揺すりながら中火で煮上げる。

●カレーパンあるいはドライカレー

牛ひき肉100gと玉ねぎのみじん切り¼個分、ピーマンのみじん切り適量、をサラダ油でいためる。肉に火が通ったら親指大くらいのカレールウをほぐしながら加えて混ぜ、しょうゆ・ウスターソース各少々と水をひたひたより少なめに加えてとろりと煮る。

ドッグパンにはさんでも、ご飯にのせてもおいしい。

●チビコロッケ

ゆでたじゃが芋をつぶし、そこに、いためた好みのひき肉と玉ねぎ、塩とこしょう少々で味をつけて混ぜ入れ、コンデンスミルクがあれば少し加えるとおいしい。ひと口大のボール状にまとめ、フライごろもをつけて揚げる。

パセリがあれば小さくちぎり、チビコロッケの中心に葉のついた茎を刺すと、くだもののように見える。このパセリも、いっしょに食べる。

✿レバーのおかず

●レバーのかりん糖揚げ

豚レバーは1㎝ぐらいの幅で細長く切り（近ごろ切ったのも有り）、しょうゆ・酒・おろししょうが各適量を合わせた汁に漬け込んでおく。

油を熱し、下味のついたレバーに片栗粉をまぶしつけ、カリッと揚げる。

●レバーのカレー揚げ

とりまたは豚レバーは塩少々と、あればしょうがをつぶしたのを加えた熱湯でゆでる。火が通ったらそぎ切りにし、しょうゆ少々をからめておく。片栗粉にカレー粉少々を加え、レバーにまぶして中温の油でからりと揚げる。

●とりレバーのベーコン巻き

とりレバーは熱湯に塩少々、あればしょうが少々をつぶして加えた中でゆでる。下ゆでするとと臭みもぬけ、味もよい。さめたら食べよい大きさに切り、一つずつベーコンで巻いて、フライパンで転がしながらこんがり焼く。

●レバー入り肉だんご

とりレバーは血合いと脂をとって熱湯でゆで、熱いうちにスプーンでつぶすか、細かく刻むかしておく。

とりひき肉50gにゆでたレバー（とりひき肉の½か⅓量）・紅しょうがの各みじん切り、しょうゆ・小麦粉各少々をよく混ぜ、だんごに丸めて、中に火が通るまで揚げる。レバー嫌いに好適。

魚介類のおかず

●魚のたつた揚げ

魚は、ひらめ、おひょう、かつお、あじ、などなんでも。

骨は必ず取り除いて、ひと口大に切り、しょうゆ・酒各適量にしばらく漬け込む。片栗粉をまぶして揚げる。

●わかさぎのカレーフライ

カレー粉・小麦粉・塩各少々を混ぜておく。水けをよくふいたわかさぎに溶き卵をつけ、カレー粉入りのころもをまぶしつけて、多めの油でいため揚げにする。

●わかさぎと三色野菜の甘酢漬け

甘酢（米酢・砂糖・しょうゆ各同量）を合わせておく。

わかさぎの水けをふいて片栗粉をまぶし、ピーマン、にんじん、玉ねぎ、はせん切りにしておく。

油を熱してわかさぎを気長に、カリッとするまで揚げて、野菜とともに甘酢に漬ける。甘酢の汁けはよくきって詰めること。

●白身魚のケチャップ煮

骨をとった白身魚の切り身を食べよい大きさに切り、片栗粉をまぶして熱湯でゆでておく（前夜にしておいても）。

トマトケチャップ大さじ1、固形ブイヨン¼個（砕いて）、水大さじ2、を火にかけ、ゆでた魚を2分間ほど煮る。

●白身魚のごま揚げ

骨をとった魚（どんな魚でも。1切れ分）をひと口大に切り、しょうゆと酒各少々をからめておく。
片栗粉、白ごまをまぶして中温の油で揚げる。

●えびとコーンのかき揚げ

背ワタをとったむき小えび6尾くらいに、コーン大さじ1、小さく角切りにしたハム1枚分、パセリのみじん切り少々、を加え、ころも(うずら卵1個、小麦粉・片栗粉・水各大さじ1、塩少々)といっしょに混ぜ合わせ、スプーン2本を使って形づくりながら中温の油に落として揚げていく。

●ロールいかのにんにく風味から揚げ

ロールいかは食べよい大きさに切り、しょうがのすりおろし・にんにくのすりおろし各少々、しょうゆ少々、の下味をつけて少しおき、片栗粉をたっぷりまぶして油で揚げる。

●いかのソース焼き味

ソースとしょうゆを2対1の割合で合わせておく。いかは皮をむいてさしみくらいの大きさに切り、水けをふいて小麦粉をまぶす。中火よりやや弱めの火で両面こんがり焼き、合わせたソースに漬けて味をからめる。

●**いかの卵ごろも揚げ**

いかは皮をむいて1㎝幅の食べやすい長さに切り、水けをふいて小麦粉をまぶす。小鍋に1㎝深さに油を入れ、小麦粉をまぶしたいかにたっぷりの溶き卵をつけて中温できつね色に揚げる。

揚げたてに、塩を少々ふる。好みでケチャップを少しからませる。

●**ツナそぼろ**

ツナ缶の油をよくきって、箸《はし》数本を使ってフライパンでよくいる。砂糖としょうゆで味をつけて（あまり甘くしないこと）さらによくいり、仕上げに酢またはレモン汁を少々ふりかけて火を止める。

ご飯の上にのせる。

●**ツナと厚揚げの卵とじ**

さっとゆでた厚揚げ¼枚は1㎝厚さの角切りにし、オイルツナ小½缶は油をきって粗くほぐす。厚揚げは、前夜ゆでておいてもよい。

小鍋に砂糖・しょうゆ・水各適量を煮立て、厚揚げとツナを煮て味をしみ込ませ、汁が少なくなってきたら溶き卵でとじる。

煮汁をほとんど残さないように煮上げる。

●かにそぼろ

かにの缶詰小½個分は軟骨を取り除いて細かくほぐす。砂糖・しょうゆ各少々を加え、箸4~5本を使っていりつけ、卵1個を溶き流して、しっとりといる。

ご飯の上にのせる。

●かにの落とし揚げ

かにの缶詰小½個分を軟骨を取り除いてボウルに入れ、とろろ大さじ2くらい、パン粉か小麦粉大さじ2~3、うずらの卵1個、塩少々、を加えてよく混ぜる。ところは長芋よりねばりの強い大和芋《やまといも》の方がむいている。

油を熱し、スプーン2本を使って丸く形をつくりながら落とし、こんがりと揚げる。

❖練り製品のおかず

●はんぺんのサラダ詰め

きゅうり、にんじん、キャベツのせん切り、をレモンの絞り汁であえる。

はんぺんは熱湯に通してさまし、半分に切る。切り口の厚みに深い切り目を入れて袋状にし、野菜を詰める。

●はんぺんのバター焼き

はんぺんは食べよい大きさに切る。フライパンにバターを熱し、はんぺんを両面こんがりと焼く。

弱めの火で中までしっかり火を通す。チーズをはさんでもおいしい。焼き上がりに、しょうゆを少々落とす。

●ちくわのチーズ揚げ

ちくわの穴に合わせてチーズを詰め、フライごろもをつけて油で揚げる。

はんぺんのサラダ詰め
きゅうり
にんじん
キャベツ
野菜をせん切りにしてレモン汁であえる
熱湯に通してさましたはんぺん
袋にする
はんぺんに詰めてできあがり

当箱に詰める。

●かまぼこのいり煮

焼きかまぼこ、こんにゃく（下ゆでして）、にんじん、を小さくひと口大に切る。小鍋にまずにんじんを入れ、ひたひたの水を加えて火にかける。にんじんが煮える直前に、こんにゃくとかまぼこを加え、砂糖・しょうゆ各少々を加えていり煮する。

●かまぼこのてんぷら

小麦粉大さじ2、うずらの卵1個、水大さじ2、青のり少々を混ぜてころもを作る。

焼きかまぼこにしょうゆ少々ふって下味をつけ、ころもをつけてからりと揚げる。

混ぜご飯

●あさりの混ぜご飯

缶詰のあさり水煮またはあさりの身の汁けをきり、せん切りのしょうがといっしょにごま油でざっといため、しょうゆ・みりん各少々を加えて手早くいりつける。温かいご飯に混ぜ、もみのりを散らす。ゆで汁はみそ汁にでも。

●即席三色ずし

米酢小さじ1と½、砂糖・塩各小さじ⅓の合わせ酢を作り、洗ったしらす干しを適量加えて、あつあつご飯1杯半ぐらいに混ぜる。

きゅうりの薄切り・にんじんのせん切り各少々にそれぞれ塩少々をふってもみ、水けを絞っておく。

しらす干し入りのすしめしにきゅうり、にんじん、白いりごま、もみのり、を適《てき》宜《ぎ》混ぜ込んでお弁当箱に詰め、錦糸卵《きんしたまご》を散らし、紅しょうがを飾る。おかずには、煮もの、油ものが合う。

●魚のそぼろご飯

むきがれいをゆでて骨をとり、ほぐしながら、からいりする。しょうゆ・みりん各少々、うずらの卵1個を加えてそぼろにし、温かいご飯に混ぜ込む。魚嫌いの子に試されては。

●さつま芋ご飯

さつま芋100g位を皮つきのまま1㎝厚さの半月に切り、塩水にさらす（カップ½強）。炊く直前、といだ米1合（180㎖）に塩・酒各小さじ¼を加えて混ぜ合わせ、水けをきったさつま芋を加えて炊き上げる。お弁当箱に詰めたら、黒いりごまをふる。

●春の遠足ずし

ふきを堅めにゆでて、水にさらして筋をとり、細かく刻んで、薄味のだし汁でさっと煮る。

れんこんは薄切りにし、ひたひたの水に米酢、砂糖、塩を加えてさっと煮る。

しらす干しは酢水で洗い、れんこんの煮汁に漬ける。

えびは殻のまま背ワタをとり、水・酒・しょうゆ・みりん各適量を合わせて煮、さめたら殻をむいて適当な大きさに切る。

ぬるま湯でもどした干ししいたけをせん切りにし、もどし汁・だし汁・みりん・砂糖・しょうゆ各適量で煮る。

にんじんはせん切りにし、砂糖・しょうゆ・塩・みりん・だし汁各適量で煮る。

以上をすしめし（炊きたてのご飯に米酢・塩・砂糖で味をつける）に混ぜ、もみのり、薄焼き卵のせん切り、紅しょうがを飾る。

●カレーピラフ風

玉ねぎ、にんじん、ピーマン、のみじん切り各適量を油少々でいためる。ハムや缶詰の平貝、小えびの水煮などを加え、さっといためて皿に取り出す。

ご飯をいためて塩、カレー粉で味をつけ、皿にとった具を加えて再びざっといためる。冷やご飯の利用法に。

●山菜おにぎり

瓶詰のえのきだけを少々、ご飯に混ぜておにぎりを作り、それを野沢菜でくるむ。ただし、夏はダメ。

●五色おにぎり

小型のおにぎりを作り、以下のそれぞれをまぶしつける。固くゆでてほぐしたたらこ、しょうゆ味のおかか、いりごま、焼きのり、とろろ昆布。なんにもないときの急場しのぎに。

★1個目はお母さん

おにぎりの最大の敵は、にぎる人の手についたバイキンちゃん。きれーいに手を洗ったつもりでも最初の1個は心配――という意味で、見出しの言葉が古くから伝えられてきた。おべんとうに詰めるのは、2個目からが安心という意味です。もちろん、昔ながらの梅干しを入れればもっと安心。

パンを使って

●サーモンドッグ

丸ごとゆでたじゃが芋は、あつあつのうちに皮をむき、1㎝角に切る。にんじん少々もゆでて小さく切り、それぞれに米酢・塩各少々をふる。

きゅうりの薄切り少々を塩もみし、水けをきつく絞る。以上のすべてをマヨネーズであえ、ポテトサラダを作る。

ホットドッグ用のパンの切り口にバターを塗ってポテトサラダをはさみ、缶詰のさけを粗くほぐしてのせる。パセリのみじん切りを散らしてもよい。サラダは、さましてから詰めること。

●黒パンサンド

①クリームチーズを塗るか、薄切りにしてはさむかした黒パンに、塩水につけておいた薄切りのりんごの水けをふいてはさむ。

②ピーナッツバターを塗り、レモン汁をふった薄切りのバナナをはさむ。

●カレードッグ

合びき肉と、ピーマン・玉ねぎのみじん切り各少々をサラダ油でいため、カレールウ少々を砕いて加え、水大さじ2〜3、ウスターソース・しょうゆ・塩各少々で味をととのえる。これを、ドッグパンにたっぷりはさむ。カレーパンみたい。

●カレーバーガー

薄切り玉ねぎと、適当な大きさに切った牛肉の薄切りをいためる。ぬるま湯につけておいたレーズンの水けをきって加えていため、水をひたひたに注ぐ。

煮立ったらカレールウを砕いて入れ、汁けがなくなってきたら、しょうゆ少々を加えて火を止める。

バターを塗ったパンに、生の薄切り玉ねぎなどといっしょにたっぷりはさむ。

どんな主菜にも合う、おいしい副菜いろいろ

お弁当には、野菜もたっぷり欲しいです。色よく組み合わせれば、食欲も増して栄養バランスも安心。ここにあげたものは、ごくごく一般的なものですが、ほんの少し味つけに気をつけるだけで〝飾りおかず〟から〝リッパな副菜〟に変身します。

塩もみ、レモンあえといった、さっぱり味の野菜がアクセントになり、あきれるほど単純な副菜が、組み合わせによって主菜の味をぐんと引きたてたりするものなのです。

生ものなど水けのあるものを詰めるときには清潔な金ざるなどで完全に水けをきってお弁当箱に詰めます。

お弁当に向くサラダ類

● 野菜サラダ

きゅうりは小さい乱切り、キャベツとにんじんはせん切りにして塩でもみ、洗って絞る。

塩ふたつまみ、砂糖ごく少量、米酢小さじ1、サラダ油大さじ1を混ぜてドレッ

シングを作り、野菜をあえる。

●おなじみポテトサラダ

じゃが芋は皮をむき、適当に切って、ひたひたの水でゆでる。ゆだったら汁を捨て、再び火にかけて水けをとばす。

熱いうちにレモン汁か米酢少々をふり、すぐに薄切り玉ねぎ少々を混ぜる。マヨネーズであえ、味をみて塩、こしょうで調える。

ゆで卵をつぶして入れると、主菜にもなる。

●たらこポテト

たらこはよくゆでて粗くほぐし、丸ごとゆでて皮をむいてつぶしたじゃが芋とあえる。味は、たらこの塩けだけ。

ゆで卵の粗みじん切りを加えてもよい。サンドイッチの中身に。

●マカロニサラダ

ゆでたマカロニ、薄切りにして塩もみしたきゅうり、ピクルスのみじん切り、ゆで卵のみじん切り、を適量ずつマヨネーズとレモン汁少々であえる。カレー粉を少々加えてもよい。いちょう切りにしたりんごを加えてもおいしい。パンのお弁当に。

●ミモザサラダ

固ゆで卵1個を粗みじんに切り、きゅうりは薄い輪切り、キャベツは細切りにする。きゅうりとキャベツはかるく塩もみして、きゅっと絞り、全部をマヨネーズであえる。

●小松菜とコーンのサラダ

小松菜をゆでて水にさらし、3㎝長さに切って絞る。ゆでたコーン（缶詰でもよい）を加え、ドレッシングであえる。

●フルーツヨーグルト

バナナ・りんご各適量を食べやすい大きさに切る。変色を防ぐためにバナナにはレモン汁を少々ふりかけ、りんごは塩水をくぐらせ、水けをきったプレーンヨーグルトであえる。くるみ、アーモンドなどのナッツ類を刻んでふりかけてもおいしい。
缶詰のフルーツを使う場合は、汁けをきって少々だけ。

おひたし

●菜の花のおひたし

菜の花は塩ゆでしてさましておく。

熱湯で溶いた昆布茶（だしの素ごく少々でもよい）に、しょうゆ少々を落とし、さました菜の花をつけておく。

●キャベツのおひたし

キャベツは1㎝幅に切って蒸し煮して、削りかつおとしょうゆ少々で味をからめる。

あえもの

●野菜の甘酢あえ

きゅうりの薄い輪切り½本分、ラディシュの薄い輪切り1個分を甘酢（米酢・砂糖・塩各少々）であえ、密閉容器に入れる。お昼にちょうど食べごろとなる。

●大根のなます

大根は細めのせん切りにして塩少々でしんなりするまでかるくもみ、水けを絞って酢・砂糖各少々を混ぜてあえる。あれば大根の葉は少々刻んで塩でもみ、混ぜ込む。

●カレーもやし

水カップ½に、カレー粉・塩各少々を加えて煮立て、もやしをさっとゆでる。汁けをきって。

揚げものによく合う。

煮たり、焼いたり

●にんじんの甘煮

にんじんを薄めの輪切りにし、ひたひたの水に砂糖少々を加え、柔らかくなるまで煮る。仕上げにサラダ油やオリーブ油1～2滴落とす。バターだとしつこい。油けを入れないのもよい。

●さつま芋の甘煮

皮ごと1㎝厚さの輪切りにして水にさらし、ひたひたの水に砂糖を好みの量、塩ごく少々を入れて、柔らかくなるまで煮る。

油ものに合う。

●さつま芋のはちみつかけ

皮ごと1~2㎝厚さの輪切りにして、中に火が通るまで素揚げにし、はちみつ少々をからませる。揚げもののとき、ついでに。

●グリーンピースの甘煮

グリーンピース大さじ3に対し、砂糖小さじ2、塩少々の調味料で、ひたひたの水で柔らかく煮る。

スプーンの背でざっとつぶしてから詰めると食べよい。

● きんぴら

ごぼうとにんじんは細切りにする。ごぼうは、切ってから水で洗う。ごま油でいるようにいため、砂糖、しょうゆを加えていりつける。にんじんだけでもおいしいし、ピーマンやパプリカのきんぴらも美味。その場合はしょうゆ味だけのほうがよい。仕上げにごまをふる。

● ほうれんそうの卵巻き

薄焼き卵を焼く。ゆでたほうれんそうをしょうゆ少々であえ、水けを絞ったほうれんそう中心にくるくると巻き込んでいく。

4章

とってもおいしくなる！新楽々アイデア調理

塩ざけ、たらこ、そしていわしの丸干しまでゆでちゃう法

子どもがまだ幼かったころ、塩ざけやたらこもそろそろ食べさせていいな、とは思いながら、悩んでしまいました。

焼いたのでは、塩分が強すぎる、さりとて、こんなに便利でおいしいものを使わない手はないし……と。

そこで生み出したのがゆでる方法。

自分が考え出したみたいにトクトクと書いている人がいるけど、私なんだけどなァ、初めてこんなことをやりだしたのは。子どものためにと考え出したことが、今や、お弁当といえばこれ！

これはもう偉大なる発見だと思ってます。確かに、焼いた塩ざけ、たらこはおいしいけれど、ゆでたのだってなかなかの味。ゆ・で・る・なんていうと、あのおいしい味がすぅーっとぬけて、うすぼんやり味のさけ、たらこになってしまう気がするでしょう。それが、そうでないところがうれしいのです。

朝の忙しいとき、煙をモウモウ出して、時間を気にしいしい焼いていても、焦がしたり

焼け足りなかったり……ということがあるでしょう。向こうが透けて見えそうな塩ざけなんか、ちょっと焼きすぎると見るも無残で、しょっぱくて、堅くって……。

それをゆでることにすれば、まずほっぽっといていいんだから実にらく。その間にほかのことができます。おまけに、味もけっこう。ふわっと柔らかく、実にお弁当向き。

ほんと、だまされたと思ってやってみてください。どうしても焼いた味がよければ、前夜ゆでておいて、朝焦げ目だけつければヨロシイ。なに、わかりゃしません。もっともインチキした本人が持っていくお弁当だったらバレバレですが。でも、焦げ味のフレーバーもあるし、これもなかなかよいのです。

たらこがいかにしょっぱいものであるか、ゆでるとよくわかりますよ。中までしっかりゆでたって、塩味はちゃあーんと残っていますから。

塩ざけのゆで方

湯は適当な量（ひたひた）をグラグラ沸かし、塩ざけを入れます。塩のきついものほど火の通りは悪くって（といっても3～5分）、塩のきつくないものはすぐゆだります。お弁当には〝中塩〟くらいの塩分が欲しいですね。

たらこのゆで方

塩ざけと同じですが、中が生っぽいのを好む人は、表面の色が変わったらすぐ引き上げる。おにぎりなどにまぶすには中までよくゆでてほぐします。こなごなにするときは、ことにゆでる方法が便利。それこそ焼いた味とほとんど違いはありませんから。

ちょいとオツな味にしたかったら、水とお酒を半々くらいに、もっとオツオツな味にしたかったらお酒だけを、たらこにひたひたに加えて火にかけてゆでます。これだと、何とも言えず美味。ただし、たらこは注意しないと〝切り子〟といって、タテに切りめがスパーッと入っているのが最近は多く、この場合はゆでるとバラバラになってしまい、ゆでる調理法はむいていないので焼いて下さい。魚屋さんで売られているのは切られていないこと多し。

丸干し、めざしまでも！

これ近ごろの大ヒット。いわしの丸干しちゃん、好きだけど焼くとたいてい焦がします。ことに頭のあたりは黒々。それに、ちっちゃいもの焼くわりには煙の量が多く、かといって魚焼きグリルで2本だけ丸干し、めざしを焼くなんてのもねぇ。

めざしは、堅いのを歯でぐいっとちぎりつつ食べるところがいいのですが、日本酒ちびちびやりながらならともかく、お弁当のおかずにはあまり堅くなっては向きません。
で、例によって例のごとく私はゆでたのであります。これはよかった。実によかった。いわし独特の生臭さや脂が溶け出てくれました。ただし、やっぱり焼いた感触も欲しくて、前夜ゆでておいて朝さぁーっとあぶり焼き。適度に柔らかくて、お弁当にいいおかずと相成りました。

さて、これらに組み合わせるおかずとしては——。

[卵焼き]（甘めのほうが合うかも）
[ほうれんそう]（ゆでて、しょうゆ少々あえ）
[きんぴらごぼう]（にんじん入り）

ちょいと〝おふくろの味〟風になりましたけど、こういう昔風もいいでしょ。

つけ焼きならぬ「焼き漬け」の術を覚えれば

魚の照り焼き、つけ焼きというのは、お弁当のおかずにもってこいのもの。さりながら、焦げやすいんですよね。それに、スピーディーなおかずとはいえない。

そこで私は考えました。照り焼き、つけ焼きそっくり味で、もうちょっとうまい方法はないものかと。

ありました、ありました。やり方を裏返せばいいんです。つまり下味つけて焼くところを、焼いてから同じ味に漬け込みゃいいんではないかと考えついたのです。

またまた大発明！　大成功！　フライパンでやったのですが、フライパンのよごれがひどくならないことも気に入りました。それにね、このやり方ひとつ覚えておくと、まあ、いろんなものに役立つこと役立つこと――。

まずは魚の照り焼き味

「焼き漬け」の基本となるものです。魚は切り身であればなんでもヨロシイ。白身魚、さば、生ざけ、ぶり、さわら、かじきまぐろ……その他なーんでも。

フライパンを熱し、油を適当に入れたら、魚をなんの味もつけずにいいい入れて両面を焼き、中までよく火を通します。

魚を焼いている間に、やや深みのあるお皿にしょうゆとみりんを同量合わせておきます。魚が1切れなら大さじ1弱ずつでいいでしょう。

魚が焼けたらこの漬け汁にジュッと入れればいいのです。魚があつあつだから中までさっと味がしみ込みます。うれしいことに、漬け込んでからの時間は問いません。すぐにも食べられますし、前夜に漬け込んでおいたって、塩辛くなったりしないんです。

もし、もっと照り焼き風にしたかったらいい方法があります。

魚を引き出したあとの漬け汁にお酒を同量加えて火にかけ、片栗粉の水溶き少々でトロリとさせ、それをはけで魚に塗ります。テラテラと照りが出て、まさしく照り焼き。さて、ナントカのひとつ覚えのごとく、このやり方を駆使すれば実に多くのバリエーションができます。たとえば——。

とり肉の照り焼き味

どんなときにも間に合う便利さから、私は〝ときどり〟と名づけています。

とり肉はもも肉でも胸肉でもお好みで。ただし、そのままゴロンと焼いてはなかなか火は通らず。少し包丁を入れて開き、薄めにします。余分な脂は取り除き、皮にところどころ切り目を。

フライパンを熱して油を適量入れ、両面よーく焼いて漬け汁に漬けるのは魚と同じ。違う点は、かなり濃い焦げ目をつけていいこと。焦げ目が足りないと漬け込んでいるうちにこんがり色がなくなってしまうんです。焼きすぎか——と思うくらいでちょうどおいしい色に仕上がります。

この〝ときどり〟をそのまま切っておかずにするのはもちろん、またまたバリエーションが広がっていきます。たとえば——。

きじ焼き弁当

〝ときどり〟を食べやすくそぎ切りにします。お弁当箱のご飯にたれ（漬け汁。この時たれがさらっとしすぎてたらちょっと煮つめても）を適量ふりかけたら、もみのりを散らします。その上に切った〝ときどり〟を並べ、いりごまやさんしょうの粉などをふりかければ、ほんとに生つばゴックンのきじ焼き弁当のでき上がり。

つけ合わせには次のⒶⒷから適宜《てきぎ》選んでください。漬けものも、あればぜひ。紅しょうがもアクセントになります。

［つけ合わせⒶ］なす、しし唐辛子、にんじん、ピーマン、オクラ、など。

作り方は、これもらーくらく。とり肉を焼くとき、使いたい野菜もフライパンへいっしょに入れてしまいます。漬け汁にジュワッと入れるのもいっしょ。

ただし、つけ合わせの野菜だけは、さっと漬けたらすぐ引き上げます。しなーっとならないうちにね。にんじんだって、薄めに切ればおいしく焼けます。ちょっと歯ごたえのあるのもいいものです。

［つけ合わせⒷ］キャベツ、大根、きゅうり、などの生野菜。塩もみ、なます、またはレモン味にします。ゆでたもやしを使ってもよく合います。

クラブハウス・サンドイッチ

片面だけトーストしたサンドイッチ用パンの、トーストしてない面にバターとからしを塗ります。〝ときどり〟は包丁を斜めにして薄くそぎ切り、カリッと焼いたベーコン、薄切りの玉ねぎ、レタスといっしょにパンにはさみます。好みによって、とり肉にトマトケチャップを塗ってもおいしい。

中身が厚くてボワーンと広がるので、ようじで刺します。

漬け汁のバリエーションいろいろ

魚、とり肉はもちろん、牛、豚などの肉類にも応用が広がります。

［ゆうあん味］基本の漬け汁（魚1切れに対して、しょうゆ・みりん各大さじ1弱）にゆずの皮をすりおろすか、細切りにして加える。

［しょうが味］しょうがを皮ごとすりおろして、あるいは絞り汁だけを加える。

［ピリピリ味］一味唐辛子をきかせる。

［にんにく味］学校、職場で、仲間の迷惑かえりみず、の勇気があればこれもよき味。ほんのちょっぴり、すりおろしてみません？

［ごまだれ味］すりごまをたっぷり漬け汁に。とり肉にはことによく合う。

［みそ味］みそを適宜溶かし込む。この中に前記各種（ゆず、しょうがなど）を加えて、いっそうの風味も味わえる。とり肉、魚、肉類にも合う。

［いろいろ味］前記各種を好みで合わせ、ねぎのみじん切りとごま油少々を加える。

［カレー味］カレー粉少々を溶かし込む。さばやとり肉などに。

基本のひとつ覚えが身についたら、こうしてあっという間に7、8種の味を作り上げることができましたね。さあ、次は牛肉、豚肉を使った応用編を。作り方は似ているのに、照り焼き味とはガラリと違う味が楽しめます。

牛肉、豚肉のしょうが焼き味

薄切り肉に小麦粉をほんの少々まぶして、熱したフライパンで少々のオイルで焼き、しょうが味の漬け汁にジュッと漬け込みます。これならだれが食べても立派なしょうが焼き。しゃぶしゃぶ用などのもっと薄い肉なら小麦粉はつけないで油でジャジャッといため、すぐ漬け汁に。野菜もいっしょにいためて漬け汁をくぐらせます。しょうが味以外に、みそ味やいろいろ味の漬け汁にも合います。

しゃぶしゃぶ味の肉弁当

コレステロール、脂肪が気になる人にはこんな調理法も。豚肉、牛肉の薄切りなら、グラグラの湯にはらりはらり落とし、色が変わるまでゆでるのです。そのゆでたてを、いろいろ味やしょうが味などに漬け込みます。ゆでたら味がなくなる？　いえ、とんでもない。しゃぶしゃぶと同じですよ、ゆでたてをたれに漬け込むのですから。肉といっしょにもやしもゆでて漬け込みましょうか。

［つけ合わせ］かぼちゃの煮つけ、乱切りきゅうりの塩もみなど。

揚げ漬けだって自由自在

今までのは焼いて、いためて、ゆでて、漬け込みました。この方法をしつこく追究すると、なんと揚げて漬ける方法もなかなかのものなのです。揚げたものを漬け込む利点は、下味の手間が要らない、油をあまりよごさない、のほかに、味がいかにもお弁当向きだということ。

下味をつけて揚げたものに比べて、口に入れたときにとろっと柔らかく、さめていても味がしっかりしみていて口あたりがいいんです。たとえば——。

さばのたつた揚げ味（とり肉にも応用）

骨をとり、ひと口大に切ったさばに小麦粉もしくは片栗粉をつけ、からりと揚げて漬け汁に。しょうが味、カレー味、など好みで。

［つけ合わせ］Ⓐセロリを細かく刻んで塩でもみ、酢少々であえる。Ⓑにんじん、ピーマンなどをさばといっしょに揚げ、漬け汁をくぐらせる。Ⓒ白いんげんのうす甘煮など、ちょっと甘めのもの。

中華味の酢どり（または肉だんごでも）

揚げ漬けの漬け汁をかえれば、中華風の味つけにも。漬け汁は米酢・しょうゆ・砂糖各大さじ1、ごま油少々、を混ぜ合わせます。

とり肉はひと口大に切り、片栗粉《かたくりこ》をまぶして油でこんがり揚げ、漬け汁にジュワッと入れるだけ。

［つけ合わせ］Ⓐもどした干ししいたけ、ゆでたけのこ、にんじん、ピーマン、などをと

り肉といっしょに揚げ、漬け汁をくぐらせたもの。Ⓑきゅうりの乱切りを漬け汁に漬けたものや、紅しょうがの細切りなど。

梅酒、ワイン大活躍の煮豚・煮どり

お宅では毎年、梅酒を手作りしていませんか。その梅酒が余って、台所の隅に忘れられていることはないでしょうか。わが家では毎年のように余っています。

そこで、豚肉のかたまりを梅酒で煮てみたのです。そのおいしいことといったら、そのへんの焼き豚などこそこそ逃げ出すくらい。

ふつうの焼き豚は、おいしくっても中まで味がしみていないでしょう。だからお弁当のおかずとしてはもの足りません。その点、この煮豚・煮どりは中までしっかり味がしみわたっているので、お弁当のおかずにはもってこいのおいしさ。

そんなことといったって、うちには梅酒なんてないよ——といわれる人には、ワインを使うことをおすすめします。飲み残しのでも、安ものでも、甘口だろうが辛口だろうが、これでもワイン？　というようなシロモノでも、なぜか日本酒よりコクがあって、なんともいえない芳香があるんです。ワインは赤でも白でもけっこう。
それにね、うれしいことにその煮汁でお芋（どんなお芋でも）など煮ると、バッグンのおいしさなのです。ただし封をあけていつのかわからないワインは使わないこと。最悪の味になります。

梅酒煮豚

［材料］豚肩ロースかたまり肉３００g、梅酒カップ½、しょうが1かけ、水大さじ3、しょうゆ大さじ2

［作り方］豚かたまり肉はたっぷりの熱湯でまわりの色が変わるまでゆでます。これは必ずすること。アクが出なくて味もよくなります。

鍋《なべ》に梅酒ほかの材料を入れ、ゆでたての肉を加えてふたをして強め中火にかけます。煮立ったら弱火にして15分、裏返して15分煮込みます。

途中で焦げつかないように、梅酒か湯を補いながら煮てください。

うちではいつも５００～６００gくらい一本煮て、チャーシューめんにしたり、サンドイッチにはさんだり、サラダにしたりといろいろに使います。

もし５００～６００g煮る場合、煮る時間はだいたい40分くらいかかります。むろん、

梅酒煮豚
鍋に梅酒ほかの材料を入れ、ゆでたての肉を加えてふたをして強めの中火。
しょうが
梅酒
水
しょうゆ
豚かたまり肉はたっぷりの熱湯でまわりの色が変わるまでゆでます
煮たったら弱火15分
裏返して15分

こういうものは忙しい朝に作るものではなく、まえもって時間のあるときに作ります。煮汁は冷凍保存しておいて、その日の朝、水でうすめて、じゃが芋や里芋を煮るのに使います。これがすばらしくおいしいのです。

梅酒煮どり

とりはもも肉が合います。黄色い脂肪は包丁で取り除き、下ゆではせずにさっと焼きます。フライパンを熱して皮のほうから焼き、焦げ目がついたら裏返して同様に焦げ目をつけます。中まで火が通っている必要はありません。

焼いたとり肉を、煮豚と同じように煮ます。ただし、フライパンに直接、梅酒その他を加えたりしないこと。煮るのは必ず別の鍋で。

時間は豚肉より短く、だいたい20分くらいで大丈夫です。

この梅酒煮どりもたいへんおいしいのですが、寒い時期には向きません。皮のもつゼラチン質が固まるからです。

✿豚肉の梅干し煮

梅酒煮と同じく、ぜったいおいしい梅干し煮はいかがですか。梅の作用か、煮汁がとてもよい色になります。酸味はほとんど感じませんが、でも、どことなく感じればそれもよい味……とにかく非常にさっぱりしています。

真夏のおかずにももってこいのもの。冷蔵庫に入れれば一週間は平気。

[材料] 豚赤身かたまり肉もしくは肩ロース肉300g、梅干し1個、しょうゆ大さじ2、砂糖大さじ1~2、酒カップ½、水カップ1

[作り方] 肉は梅酒煮のときと同様に、よく沸騰したお湯に入れて下ゆでする。表面の色が変わる程度にね。しつこいですが、この下ゆではぜったいすること。

ゆでた肉を別鍋に移し入れ、梅干しとほかの調味料を全部加える。水は肉がひたひたにかぶるくらい。

あとは梅酒煮と同じ。アクが出たら取り除き、中火にしてふたをし、コトコトと煮ます。

20分ほど煮たら肉を裏返し、また15～20分煮ます。梅干しは煮ている間にほぐれてきますから、煮汁とまんべんなく混ぜてしまいます。

下味、ころも、楽々がおいしい魚のフライ

魚のフライは不思議にお弁当のおかずに合うものですが、これもちょっとしたことで味も鮮度も違ってきます。それから手間も。

お弁当には意外と青魚などがいいもんですよ。きすやひらめといった白身魚ももちろんおいしいのですが、青魚のくせが、さめた白いご飯と不思議に合うんです。

あじ、さば、いわしは三枚におろしたものがいいでしょう。お弁当のときは骨がないほうがいいですね、ていねいに取り除きましょう。ほかにも生ざけ、生たら、さわらなどいろいろ使えますよ。

さて、これらを適当な切り身にしたら、ふつうなら塩をふりかけますね。ところがふり塩ですと魚から水が出てきて、これが生臭い。そこでざるなどで受けねばならず、さすればその下に受け皿も必要……ということになってくる次第。それでいて塩の味は均一にま

わりにくいし、鮮度も落ちます。

そこで、立て塩、つまり海水くらいの塩水に漬ける方法をおすすめします。海水くらいといったって、プールしか行ったことないから知らん、という人や、海なら世にもしょっぱい塩分か……と悩む人がいるかもしれませんね。

立て塩の作り方

切り身1～2枚なら水カップ½（100㎖）に対して、塩小さじ1弱くらい。ただし、これは塩焼きにしてもおいしい割合。フライにして辛めのソースをかけると、ややショッパイかも。

密閉容器に立て塩を作り、そこに切り身をひたします。裏表ひっくり返して両面に味がつくようにし、ふたをして冷蔵庫に一晩おきます。

朝見ますと、切り身は生で食べられそうな感じになっているはずです。ほんとに身が美しく締まっているのですよ。生臭みもぬけ、味はあっさりとし、鮮度も落ちず、一石三鳥といえるくらい。

小麦粉不要、ひと手間抜いたおいしい揚げ方

小麦粉不要　おいしい揚げ方

塩小さじ
1弱
水カップ1/2
冷蔵庫に
一晩おく。
水けもふかず
卵の中へ
パン粉を
つけて
揚げる！

揚げ油を火にかけたらフライごろもの準備にかかります。これとてアッという間。卵を溶いたら、そこに塩水から引き上げた切り身（水けをふく必要はありません）をポチャンポチャンと裏表つけます。次にパン粉の入った器に移してきゅっと押しつけ、裏返してまたきゅっ、ハイおしまい。

小麦粉？　要りません。ふつうのフライよりひと手間抜けるだけでも、朝のひととき、とても気がらく。おまけにこのやり方ですと、フライがさめてもカチッとはなりません。ふうわりとしてこうばしくって、とってもおいしいのです。

揚げ油だってたっぷりは必要なし、少なめにて充分。パン粉をひと粒落とします。つうーと落ちてぷわっと浮いたらオーケー。切り身といっしょにつけ合わせの野菜も油に入れます。

切り身が薄ければすぐに揚がりますが、鮮度が気になる場合は火を弱めて少しゆっくり。それでも5分とはかからないでしょう。

野菜は引き上げたらすぐ、かねて用意のお好み味の漬け汁へ。魚は片面にだけソースをさっとかけて味をしみ込ませます。さめて堅くなったフライに、みみっちいプラスチックのいれものからソースを押し出してかける……なんて、あれ、いやですねぇ。

熱いフライだからこそ、ジュワッとソースがしみ込みますが、さめたのにかけても流れていくだけ。

「暮しの手帖社」の名編集長だった故花森安治氏は、かつていわれました。

「薄い肉に厚いころも、そこへソースをだぼーっとかけ、ころもがソースでじっとりし、ご飯にまで色がつき……といったものこそカツ弁当だ」といったような意味のことを。

そうだろうな、そうだろうなぁ――と、そこまでのカツを食べたことはないものの、共鳴しきりです。

ロールいかのから揚げもいいもんです

昔、こんないかなかったなぁ、と年寄りっぽく店頭でジロリジロリ眺めたロールいか。

身が厚くって、まるでもんごういかのオバケみたい。それにしても値が安くって、ちょっとキモチワルイ……けど、買ってみっか。

てんぷらにしてみました。うーん、少し大味。から揚げがいいかな。かのブロイラーだって、から揚げにしたらおいしく変身するんだもの。思ったとおり、ロールいかのから揚げはけっこうでしたよ。

いかは縦5㎝くらいに切ったら横1・5㎝幅に切ります。おろししょうがとしょうゆ、それに少々のみりんを混ぜ、切ったいかを5分ほど漬けてからしっかりめに片栗粉をまぶし、揚げます。前の晩から漬けておいてもいいですよ。

揚げものしたら、おいしいインチキ煮ものがいっしょにできる不思議

これも近ごろのヒット。娘のお弁当のおかずに、あじのフライを例の小麦粉抜きで揚げていましてね、そうだ、にんじんも揚げようと思いたったのです。輪切りにしてポイポイと油の中へ放り込みました。

いや待てよ。きょうは、油ものはあじだけでいいのではなかろうか、煮ものを何か作っ

てやればよかった、などなど思っていてふいとひらめいたのです。インチキ煮ものをね。

大急ぎでやや大きめの器に熱い湯（にんじんがひたる程度の量）を入れ、しょうゆとみりんを少し濃い味に加えました。そこへ揚げたてのにんじんの油をきって、次々と入れました。これはいちばんあとまで漬けておくつもり。

すべてのおかずができ上がってから、漬け汁の中で洗うようにして汁けをきったにんじんを、味見してみました。

いける！　のです。うっすら油のコクが残った煮もの、つまり、いため煮したような味なのです。揚げたままだと油っこいのが、ほどよくなっていて、我ながらほくそえんだものです。

娘より1歳下の息子に黙って食べさせたら、

「きょうのにんじんの煮たの、おいしいね。いつもとは違う味だけど」

とは、するどい。でも味にうるさい息子も合格点をつけてくれました。そこですっかり味をしめた次第。

考えてみればお弁当のおかずというもの、夕食などと違って、ひと品をどかんと多く作ったりはしません。たいていはチマチマと種類を多くして入れるものですから、口に入るひと品ずつの量は知れています。

★お弁当づくりの必需品

●小さなざる……竹かステンレス製で、直径15㎝までのもの。ゆでたものを水きりしたり、煮ものの汁けをほどよくきるのにも重宝。高野豆腐やがんもどきなど、煮上がったら、おべんとう箱に詰める直前に、小ざるに入れておいてスプーンなどでかるく押さえます。切り干し大根やひじきの煮ものなども、煮汁をご飯ににじませることなく、おいしいおかずと喜ばれることでしょう。

●小さな鍋……肉だんごやハンバーグに甘辛味をからめる、うずらの卵にしょうゆ味をなじませるなどのために、直径12～15㎝くらいの鍋はとっても便利。鍋が小さいから調味料も少なくてすみ、火にかければすぐに煮立ちます。洗うのも簡単！

こうした小物があると、何よりも調理がおっくうにならないものです。

だからでしょうか、たとえばにんじんをただひたひたの水でゆで煮したようなものでも、おだしでコトコト煮たのよりにんじん自体の味を楽しめる、といったおいしさがあるということです。

せいぜい輪切りのにんじんが5切れほどというのであれば、このインチキ煮もの、なかなか喜ばれるのです。

さてにんじんで味をしめて以来、例によってあれはどうか、これはどうか——。

かぼちゃのインチキ煮

わりと薄めの乱切りにして揚げ、同様の味つけ湯にひたしておく。少し砂糖を加えても。

じゃが芋のインチキ煮

皮をむいてひと口大に切って揚げ、同様に。

里芋のインチキ煮

皮をむいて、あまり大きければ揚げやすい大きさに切って。冷凍ものも便利。

夕食に揚げものをしたとき、思いついて里芋を揚げ、一晩漬け汁に漬けておきました。

中まで味がしみて、それはインチキとは思えないおいしさ。里芋以外の材料でも、一晩漬けておくといいですよ。

煮もの風に飽きたらグラッセ風はいかが?

やり方はインチキ煮ものとほとんど同じ。違うのは揚げたあとの漬け汁の味つけだけ。煮ものの場合よりやや湯の量を多くし、しょうゆは使わずに砂糖を加えて甘さをきかせ、塩を少々ふり入れて混ぜ合わせます。つまりこれがグラッセ味。

揚げた野菜をチャポンと入れれば、もう立派なインチキグラッセです。

ある日、訪ねて来た友人にかぼちゃのインチキ煮を出したら、

「実は私、かぼちゃは嫌い。でも、こういうのだったら食べられるわ」

と、パクパク。

このときのかぼちゃはあまり柔らかく揚げず、少し歯ごたえを残したものでしたが、それがかえってよかったみたい。薄切りにしてさっと揚げ、インチキ煮汁にポチャン、しただけのものでした。

一夜干しのいかはお弁当に最適

これは、担当編集者タカノ氏に教えてもらいました。彼はお酒大好き人間なので、酒のサカナ的料理が得意。自分で作っちゃう人です。酒のサカナって、考えてみればお弁当のおかずによく合うんですね。

一夜干しのいかって、たらことか、干ものを売っているところにあります。色は皮つきいかの色で、たいていは開いてあり、生干しの状態になっています。

からし酢みそあえ

いかは両面あぶります。それを1㎝幅に裂いてすぐにからし酢みそに漬け込むのです。みそは白みそ。酢としょうゆ少々を加えて練り、適量のからしを混ぜ込みます。子どもがいやがったら、からしは入れなくても可。酢みそだけでもおいしい。

みそではなくて、からしじょうゆだけで食べてもおいしかった！　しょうがも合います。これを、白いご飯にのっけてもいいし、ご飯の横に詰めてもいいし、とにかく白いご飯によく合うんです。

てんぷら

一夜干しいかを長さ6㎝、幅1・5㎝くらいに切り、小麦粉少々をまぶしててんぷらごろもをつけ、油で揚げてもなかなかの味。てんぷらごろもはちょっと固めにし、揚げ油は170度くらいの低めがおいしく仕上げるコツです。

卵入りのちゃんとしたころもを作らなくったって大丈夫。小麦粉と水を溶いただけでも、それはそれで素朴味。

いやいやもっと簡単に、粉をまぶすだけでもけっこう。なにしろいかそのものに塩味がついているので、お弁当にはうってつけのものです。

そのまま焼いたりてんぷらにしたのでは少々堅すぎる、という歯の弱い人には、次の方法をおすすめ。一晩ひたひたの水（大さじ1の酒を加えて）にひたし、柔らかくもどしてから使います。

一瞬にして味がしみ込む、ペロリこんにゃくの秘密

じっくり煮て味のしみたこんにゃくは、お弁当のおかずにとてもいいものですが、どう

にも味がしみにくいですね。

手でちぎったり竹串《たけぐし》でついたりして、中まで味がしみ込む工夫をこらしても、おいしく煮るには時間をかけないと。

では、と濃いめに味つけしても中まではなかなか。味のしみていないこんにゃくなんて、さしみこんにゃくならともかくねぇ。

ところがあるとき助手のアコが、

「山で食べるペロリこんにゃく、見てたらただ煮立てるだけなのに、中までしっかり味がついてるんです。すごく不思議」

いつ来るかわからない客のために、長時間煮込んで燃料を無駄にするなんてしないらしく、とにかく生をわっと煮るだけというのです。そこでさっそく、米沢に住むアコのおばあちゃんを偵察隊として頼むことにしました。

「ワカリマシタヨーッ、アッタマイイッ。ペロリこんにゃくね、前の晩から煮汁に漬けておくんだって」

そうか！　なるほど。ばかばかしいほどあたりまえのことだけど、気がつかなんだ。さっそく試してみました。煮汁にはするめをちょっとほどこすそうですよ。

ペロリこんにゃくの下味

こんにゃくは塩でもんでからひと口大に切り、水洗いしてから鍋に移し、水をひたひたに入れました。そこに水カップ1に対してしょうゆ大さじ1、塩少々、みりん小さじ1、を加えました。だし汁ではなくただの水にしたので、削りかつおを適当に手でもんで加え、そのままひと晩。

翌朝、煮立ててから2~3分、一応中まで火を通しただけで、すぐに火を止めてしまいました。ふつうなら、煮えてはいても中はまだほとんど味がしみていないはず。

ところが、食べてみたらグッド！　しっかり味がついてます。おまけに、なんていうか、口あたりがとてもいいのです、つるつるぷりぷりしていて。

こんにゃくはあまり長く煮ないほうがいいものなのですね。味を中までしみ込ませるために時間をかけると、こんにゃくは締まりすぎてしまい、ぷりぷりがざらっぽくなるんですね。

時間とガス代が節約でき、そのうえ味がよいときては、ペロリこんにゃくさまさまです。わが家ではお弁当のとき以外にもこの手を使い、こんにゃくは前夜から漬け込むことにしています。

さて、こんなふうにひとつの手を覚えると次々にやってみたくなるのがわがくせなり。

厚揚げやがんもどきなんてどうじゃろうかね。あれ、お弁当のおかずにおいしいんだけど、味がしみにくいし腐りやすそうだし。でも、前の日から味をしみ込ませておいたら保存法としてもいいし、またまた一石二鳥ではないですか。

厚揚げ、がんもどきのペロリ味

つまり、ペロリこんにゃくと同じであることはいうまでもありません。

厚揚げ、がんもどき（以下がんもと略します）は、熱湯をかけるなりして油抜きをします。

水、みりん、しょうゆを少し濃いめの味に合わせ、あればだしの素的なものを少しふり込んで（だし汁だと腐りやすいので）、適当に切った厚揚げ、がんもを漬け込んでおきます。漬け汁は厚揚げ、がんもがかぶるくらい欲しいですね。

小鍋に漬け込んだらそのまま冷蔵庫へ。夜中のうちにじわーっと味をしみ込ませてくれることでしょう。

翌朝――そのままふたをしてガス火にかけ、煮立ったら3分ほど煮てハイでき上がり。

私は、毎日お弁当を作らねばならないおかげで、お弁当のおかずにと工夫したものがふだんでも実に役立っています。これではますます〝楽々料理の大家〟といわれるようになるなぁとも思いますが、気にしません。味がまずくなるならいけないけど、よりおいしくなっておまけにらくなんですから。工夫を大いに楽しんで、スイスイお弁当を作ることにしましょうよ。

ペロリ味も原則を覚えてしまえば、何種類かを煮合わせるのだって同じ調子。こんにゃくとがんもの煮合わせなんてお弁当向きだな。もうわかった、といわれそうだけどついでにもうひと品。

ペロリ高野豆腐

ぬるま湯で柔らかくもどし、水の中で押すように洗って絞った高野豆腐を、漬け汁にどっぷり漬けて冷蔵庫へ。漬け汁は甘めがおいしい。しょうゆはほとんど使わず、塩、砂糖、みりん、酒、だし汁、を各適量合わせます。火が通ったときには味がしっかりしみ込んでいるなんて、うれしいじゃありませんか。

あっという間のおいなりさん

昔からおなじみのいなりずしは、本式に作るとなると、わりにたいへんなもの。そこを、お弁当向きにあっという間に作っちゃおうというものです。

いくら超スピードでも、油揚げ（関西では薄揚げという）は必ず油抜きが必要。それでないと、味がくどいです。熱湯を回しかけるといったまだるっこしいことより、たっぷりの湯でグラグラとゆでてしまい、水にとってぎゅっと絞ります。ただし「おいなりさん用」でない場合は、二つに切って袋状にしてからゆでないと、あとでは袋ができにくいです。

油揚げは6個分。数が少なすぎるという人は、ご飯をたっぷり詰めた〝ジャンボおいなりさん〟になさればよろしい。

鍋に砂糖・みりん・酒を各大さじ1、しょうゆ大さじ1強、水カップ⅔、を入れて煮立て、だしの素をごく少々ふります。ふだんの料理にこういうものは使わないので、お弁当のときぐらいたまにはいいでしょう。

煮汁が必ず煮立っているところへ、油抜きして絞った油揚げを広げながら入れていきます。1枚入れるごとにお玉でぎゅっと押して、汁を吸いやすくします。全部入れたら、また全体をぎゅっと押し、中火より強目の火でわーっと一気に煮ます。超スピードなので焦がさないようにご用心。煮上がったら、鍋底のが上になるように、お皿にぽんとあけます。

ご飯は市販のすし酢でぱぱぱっと作り、お互いがさめたら油揚げに詰め込むだけ。早くさましたいときは、ドライヤーの冷風にてびゅんびゅんやっちゃいます。

おとなのためのおいなりさんなら、おいしい隠し味の方法をお教えします。油揚げにご飯を詰める際、袋の中に溶きがらしを少し、ちょうどにぎりずしにわさびをつけるように、塗るのです。

見た目も味もバツグン、手間いらずの野菜おかず

ほうれんそうおもしろ話

緑の野菜はできるだけお弁当にとり入れたいものです。

ポパイ、ご存じですか？　有名な漫画の主人公ですよね。昭和生まれのたいていの人が知っていますが、実際の漫画は見たことない、って人が増えてきました。私が子どものころ、テレビの白黒アニメ時代によくやっていましたよ。本も見たはずですが、その記憶は残ってないんです。

ポパイが負けそうになると、缶詰のほうれんそうをバーン！　とあけて（負けそうでフラフラになっているポパイに、そんな力があるなんて不思議だね——とは息子の指摘）、とにか

く缶いっぱいのほうれんそうを、ばばばって食べるんです。すると筋肉りゅうりゅう、元気もりもりのもり、当然、相手をやっつけてしまいます。

これ、本場アメリカでは、ほうれんそうの缶詰会社がたくらんだのかも？　とおもわれる漫画ですが、そんなこと忘れてしまいそう。ほうれんそうがほんとにおいしそうなんです。この漫画を、今こそじゃんじゃんやってくれたら、野菜嫌いの子どもが少なくなるのでは、と思います。

とにかく野菜はたくさん食べましょう。生のままサラダにしたらどんぶりいっぱいあったって、あれ、ゆでたらポッシャーンと減ってしまいます。サラダだけでなく、火を通したものは味もいいし、たくさん食べられます。

まずはほうれんそう、小松菜など、青菜のゆで方から

けっしてゆですぎないこと、ことにお弁当のおかずには。

熱湯グラグラの中に入れたら、もう少しゆでたいなと思うくらいで引き上げるのが、ちょうどいいみたい。

ゆでるとき、塩ひとつまみは要らないかって？　私も以前は必ず入れてたけど、入れないで試してみたらまったく変わりなくて、以後はその日の気分次第。

ゆでたら水に放して3分ほどさらし、絞ります。安く手に入ったとき、まとめて何束かゆでておくと便利ですよ。これを1回分ずつに分けてラップに包み、冷凍しておきます。使うとき、このカチカチ菜をどうするか？　最近の情報ではお湯の中にラップごと入ればぱらりとはずれるんですって。そしたらラップを取り去り、青菜がほどよく解凍されるのを待って引き上げるとの話。フリーザーから出したては、ラップも菜っぱもカチカチにくっついているので、なるほどこうしたら使うのは簡単。ただし、たくさんはしないこと。やっぱり味が落ちます。

さて、下ごしらえした青菜の味つけは――。

平凡なれどごまあえから

青菜を水っぽくしないコツは、ほんの少しの油で膜を作ってやること。ごまあえはその意味で基本的な調理法です。

家庭の食卓では少し甘めの味にすることが多いようですが、お弁当に甘いおかずが入るのが苦手な人もあんがい多く、砂糖を使うより、少々のみりんのほうがいいでしょう。ただし子ども向けには火にかけて、アルコールをとばして使って下さい。

すったいりごま、みりん、しょうゆ、を好みの味に合わせ、青菜をあえます。サラダ油をごく少量まぶしておくと水っぽくなりません。

✿のりあえ

しょうゆと、焼いたもみのりをあえるだけ。

よくね、ほうれんそうを広いのりでくるりと巻いたのがお弁当のおかずとして登場しますが、あれ、見かけだけ。だって、のりはべっちょりしけちゃうし、ほうれんそうには味がちゃんとついてないし……。それだったら、初めからもみのりとあえるほうが、ずっと味はいいです。

✿おかかあえ

言わずと知れた、削りかつおとあえるだけ。しょうゆ適量もね。

✿梅干しあえ

ほぐした梅干しとあえます。梅肉とあえる前に、かるくしょうゆで下味をつけて絞っておきます。こってりした主菜のとき、副菜としてよく合います。

辛みあえ

いり卵、一味唐辛子、みりん、しょうゆ、ごま油（ごく少量）、であえます。あっさりしたおかずが主菜のときに。

ポパイ煮

水カップ½に固形ブイヨン½個を入れて煮立て、適当に切った青菜をワァーッと煮ればでき上がり。ざるに上げて汁けをきっておきます。

冷凍してあったものなら、凍ったものをそのままグラグラ煮立っているところへ入れて煮ます。必ず中まで火が通ったかどうか確認してね。中が冷たかったりすると、味もしみていないことですから。

ただのしょうゆあえ

味はもう、ただのしょうゆだけ。それもごくうす味で。こういうシンプルな味に、ふっと気分がなごむことがあるのです。くし形のレモンひと切れでも添えますか。

ね、青菜のあえものひとつとっても、こんなにあるのです。見かけだけで、おいしくないものを加えればもっとありますよ。でもね、素朴な材料は素朴な調理が第一です。

バターいためはまずーい

ふだんの食事には、ソテーしたほうれんそうはおいしいものです。でも、さめきってしまうともうだめ。脂ぎってくるし、バターは舌に当たるし、青菜をいためる調理はお弁当には向きません。

いんげん、さやえんどうは水からゆでれば失敗しない

いんげんやさやえんどうは、お弁当の副菜としてよく使われ、おいしいのですが、ゆでかげんがけっこうむずかしいのです。ゆで足りないと青臭く、ゆですぎるとくたーっとなってしまいます。

ゆでるとき、ふつうは湯をグラグラと煮立てたところへ入れますね。でも朝の忙しいとき、お湯が沸くまで気にして待つ必要はありません。鍋に水を入れ、塩少々を落としたら、すぐに材料を入れて火にかければいいのです。ブロッコリーなども同じ。

煮立って1〜2分すると、ちょうどいいゆでかげんになってるはず。それに、あとでくたーっとなりにくいように思えます。ゆでっぱなしでもおいしいし、青菜のところで説明したようなあえものもいけますよ。水からだと栄養が失われる？　なんて、わずかなこと。

煮ものにする場合は、やや堅めの状態で湯をきります。このとき、ひたひたくらいの湯

を鍋に残し、そこに手でもんだ削りかつお、薄口しょうゆ、みりん少々、を加え、火を強くして一気に味を含ませます。

卵とじにしてもおいしいですよ。

チンゲン菜、タア菜、空心菜《くうしんさい》は便利、重宝

緑、緑、と気にして騒いでも、お弁当に入れる緑の野菜おかずは、ちと面倒なものですね。私のように家族の者から〝緑オバケ〟とよばれるほどの緑の野菜大好き人間でも、ときには「まあいいや、きょうはなしでも」なんて思うことがありますもの。

ほうれんそうは、下ゆでしてから必ず水にさらさなくてはアクがきついでしょう。その点、チンゲン菜、タア菜、空心菜などは下ゆでも水にさらすことも要りません。そのままいためたり、じかに煮たりもできるのです。種類も多く、利用法を覚えておくとお弁当のおかずにとても役立ちます。

葉っぱの煮たのなんて、近ごろはふだんのおかずにもしなくなりましたが、ビショッとでなく、カラッと煮たものなど、よいおかずになります。値が高く思われるものもありま

すが、チンゲン菜、タア菜、空心菜などは調理しても量がゴソッと減ってしまうことがありません。特別のものを除いてそう高くはつかないのです。

お弁当のおかずとしては、チンゲン菜、タア菜、空心菜など次にあげるどの調理法にも合います。肉をとり合わせるときは、先に肉をいためたり焼いたりしてから野菜を加えます。

ざっといため

野菜はザクザクッと適当に切ってから、ごま油でざっといためます。味つけはしょうゆを回しかけるだけ。

青菜の油いためは、あまり、お弁当には向きませんが、チンゲン菜などは冷めてもおいしいものが多いです。

シンプルいため

ごま油でざっといため、塩、こしょうだけで味つけします。空心菜などは、不思議と塩味だけというシンプルな味つけも合うようです。

ピリピリいため

いためて、しょうゆとラー油で味つけします。

ざっと煮

適当な大きさに切って鍋に入れ、水、しょうゆ、酒、みりん、で味をととのえ、ひたひたに加えます。中火で煮立て、煮汁がほとんどなくなったらでき上がり。削りかつおを少々まぶします。油揚げの細切りと煮つけてもおいしい。

おひたし

ほうれんそうや小松菜と同じように、ゆでておひたしに使えますが、水にさらす必要はありません。早くさましたい場合は、いったん水につけてもすぐに絞ってしまいます。

味つけはしょうゆをまぶし、いりごま、すりごま、削りかつおなど好みであえます。

中国野菜だからといって特別に考えず、日本の青菜と同じように調理すればいいのです。

5章

人気倍増！卵料理の新工夫

卵焼きはやっぱりすごい！

卵焼きというと昔は子どもの大好きおかずナンバーワンでした。ところが、今やハンバーグやとりのから揚げにとってかわられ、ごちそうでもなんでもなくなってしまいました。

でも、お弁当のおかずベストワンを決めるとすれば、私ならやっぱし〝卵焼き〟を推します。だってこんなに応用がきいて、お弁当に似合って、おいしくって、手軽で、安いものなんて、そうざらにはないですよ。

うちの子どもたちは遠足、運動会というと必ず「ママ、卵焼き忘れないでね。いつもの、おばあちゃんの卵焼きだよ」っていうんです。〝おばあちゃんの卵焼き〟っていうのは、甘ーいんです。うちでは、甘い卵焼きはあまり作りません。それが子どもたちの口にも合っているようなのです。ところが、夫の母が作る卵焼きは甘めです。夫の実家に行くと、その〝おばあちゃんの卵焼き〟もそれはそれでおいしいらしく、喜んで食べます。

ふだんのお弁当にはほとんど甘くしないで、遠足や運動会のときだけ〝おばあちゃんの卵焼き〟。味が濃いのでもちがよく、遠足などのときはそのほうがいいだろうくらいに考えて作っていました。それがなぜか子どもに好評。特別の日だけ甘ーい卵焼き、というわけで、いかにも「遠足に来ている！」という気分になるらしいんです。

さて、それはともかく、ふだんのおかず用卵焼きのいろいろをご紹介することにします。あっ、そうだ、卵焼きの基本的な作り方はご存じですか？　これ、意外と知らない人が多くって、「焼きゃぁいいんでしょ」なんて人もけっこういるようなんです。

たとえばフライパンにどひゃーと卵を全部いっぺんに流し入れ、くるくるっとふとんを巻くがごとく、厚ぼったく巻いて「ハイ、でき上がり」てな調子。

ま、それでもいいですけどね、一応は正式な、基本の「やっぱしこれがいちばんおいしい」と思われる焼き方をしっかり書いておきます。

基本的な卵焼き

卵焼き器（なければフライパン）を熱し、油を大さじ1くらい入れたら、鍋肌《なべはだ》全体にまんべんなくなじませ、余分な油は器に戻します。火は中火。

よく溶いた卵に薄口しょうゆ少々を加え、薄焼きにするつもりで少量を全体に流し広げます。裏側が焼けてきて、表面がまだ乾ききらないうちに、端からくるっくるっと巻いていきます。

巻き終わったら、鍋底の見えている部分に少量の油をひき、2回目の卵を流し入れます。

流し入れた卵の表面が乾ききらないうちに、1回目に巻いた卵を転がすようにして巻き込んでいきます。同様にして最後の分量まで焼いていきます。油はひきすぎないこと。くどくなりますから。

もし卵液を流しすぎた場合、全体に広げたら余分はすぐにボウルに戻してかまいません。こうして、1枚ずつくるくると渦巻きのように焼いていくので、中がふわぁっとしておいしいのです。

そのためには、必ず表面が乾かないうちに巻いていかないとだめです。

ひく油は、ごま油もこうばしくって卵に合います。サラダ油でもむろんいいです。味つけのしょうゆは薄口のほうが、味もあっさりしているし焼き上がりもきれい。

おばあちゃんの卵焼き

基本の卵焼きに、甘さを感じるくらいの砂糖とみりんを入れます。

必然的にしょうゆもやや多め、しっかりした味にしたほうがいいでしょう。

にら入り卵焼き

にらにはビタミンAが多く、卵と組み合わせれば味も栄養もバツグン。ぜひとり入れた

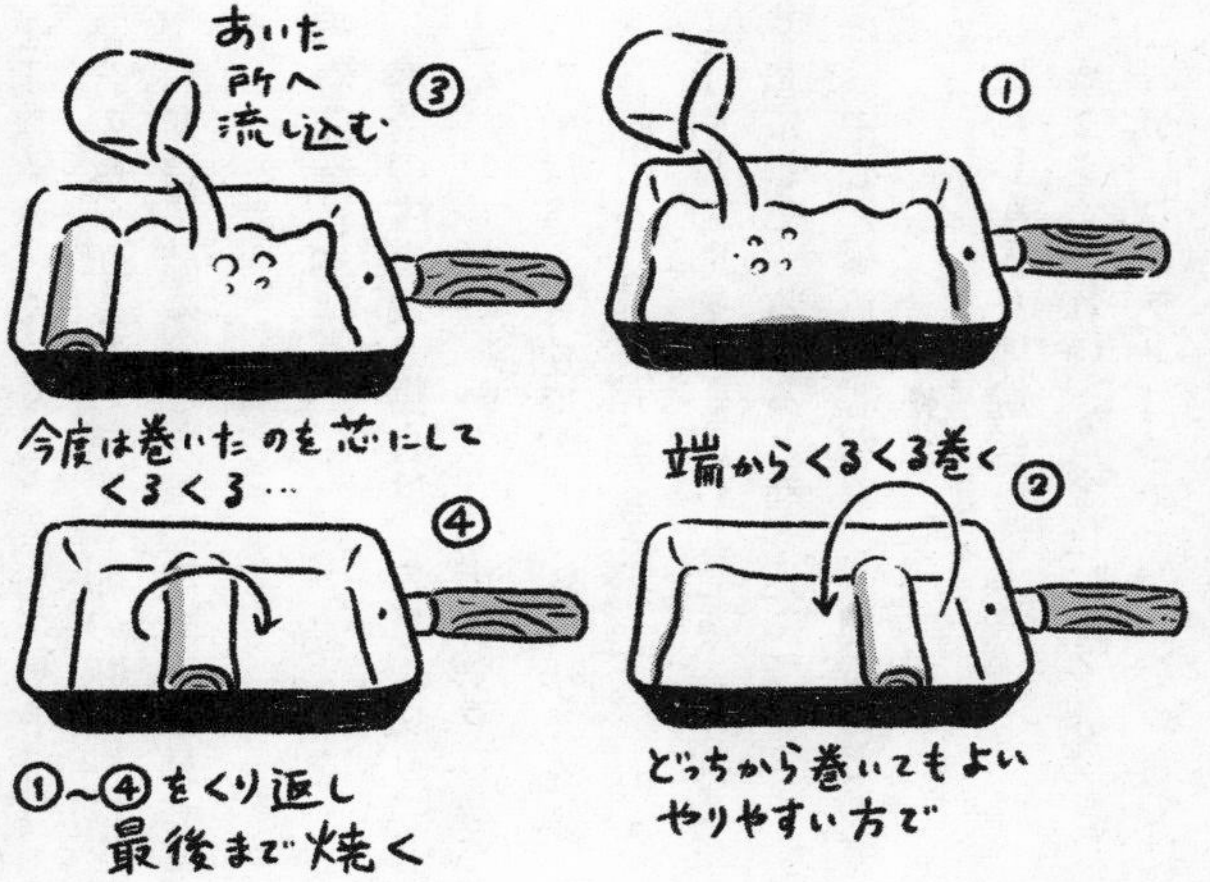

①
②
端からくるくる巻く
どっちから巻いてもよい
やりやすい方で
③
あいた
所へ
流し込む
④
今度は巻いたのを芯にして
くるくる…
①~④をくり返し
最後まで焼く

い野菜です。においを気にする人もいますが、卵焼きに入れたら平気へイキ。前の晩、野菜いためにでも使ったら少し残しておくとか、逆にお弁当の残りを夕食に使ってしまうとか……。

にらはみじん切りにして、溶いた卵に適量加えます。塩・こしょう各少々で味つけ。これには砂糖はまったく入れないほうがいいようです。焼き方は基本の卵焼きと同様に（以下焼き方のないものはすべて基本の焼き方で）。

磯《いそ》巻《ま》き卵焼き

焼きのりが入っていて、切ると黒い渦巻きが見え、卵の黄色とのコントラストがとってもきれいです。

卵を薄く流し広げたら、すぐにそこへのり

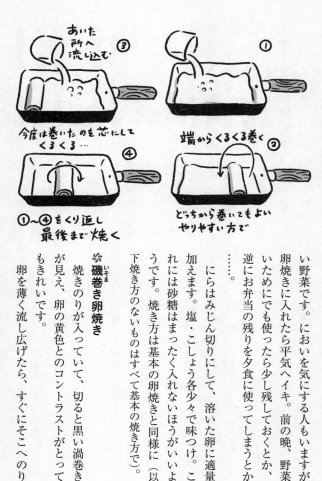

を1枚置き、くるくると巻いていきます。卵を流すたびに置くより、2回に1枚くらいの割合のほうがきれいです。卵の味つけは塩、薄口しょうゆ、みりん、をごく少量ずつ。お弁当に詰めるときは、切り口を見せて。

春菊巻き卵焼き

春菊の生を使う場合は、みじん切りにしてにら入り卵焼きと同様にします。ゆでて巻き込んだのもおいしいので、ぜひやってみてください。

春菊はさっとゆで、しょうゆ少々をふってから水けをかるく絞ります（絞りすぎないこと)。堅い部分は取り除きます。

1回目の卵を流し広げたとき、手前のほうに春菊を鉛筆くらいの太さにして置き、それを芯にしてくるくると巻き込んでいきます。あとは、基本の卵焼きと同様に焼いていくだけ。中心に緑色の芯ができ、切るととってもきれいです。味つけは磯巻きと同じに。

にんじん入り卵焼き

すごーくきれい、黄金色に輝く卵焼き。前夜の夕食のカレーとかシチュー、野菜の煮っころがしやグラッセとかを作ったついでに、お弁当用に取り分けておくといいでしょう。

卵2個に対して、にんじんはひと口大のものが2個くらいあればいいかな。

柔らかくゆでたにんじんは、フォークかスプーンでぷちゅっとつぶしておきます（前の晩やっておいてもよい）。

溶いた卵に〝ぷちゅっにんじん〟を加えて混ぜ、塩、薄口しょうゆ、砂糖少々で味をととのえたら、ふつうに焼きます。砂糖を加えたほうがにんじんの甘さが引き出され、かえっておいしいのです。これよりもっともっと美しいのが次の方法。

生にんじんのすりおろし入り卵焼き

卵2個に対して、すりおろしたにんじん大さじ2ほどを混ぜ合わせます。

この場合は砂糖を入れないほうがおいしい。

焼き方も同じでいいのですが、卵焼き器に流し入れる際に、ボウルの中のにんじん入り卵を底からよく混ぜ合わせることを忘れないように。

パセリ、しそ入り卵焼き

味つけはにらと同様に。パセリ、しそはみじん切りにして溶き卵に混ぜ入れます。

ねぎ卵焼き

これ、私の大好きなもの。実になんてことないのです。入れるものは、みじんに刻んだねぎだけ。卵2個に対して10～15㎝分も入れるかしら。

味つけは塩のみ。ほんの少し柔らかめにすると、よりおいしいので、水も少々加えます。

懐かし味の卵焼き

これね、お好み焼きの味がする卵焼き。入れるものは揚げ玉、ねぎ、削りかつお、青のり、そして忘れてならない紅しょうが。

つまりお好み焼きに入っている材料のいくつかを、溶き卵に入れるだけのこと。でも、なかなかおいしくて、なぜか懐かしい。

具は、量を入れすぎないこと。味つけは、薄口しょうゆを少しだけ。焼き方だってほかのものと同じで、たいしてむずかしくもありません。

ケチャップが中からトロリ、のミニオムレツ

まったくプレーンでもいいし、パセリやにんじん（ゆでたもの）を入れてもいい。卵焼きより、ずっとらくな気分で焼きます。

小さめのフライパンに油を熱して溶き卵1個分を流し入れ、まわりが焼けてきたら、ふちから全体におはしでワワワッとかき混ぜ、オムレツ形に三つ折り……その直前に、ケチャップを小さじ1ほどのせて包み込みます。

でき上がったオムレツの上にケチャップをのせると、お弁当箱のふたにくっついちゃいますもの。

しつこいようですけど、お弁当は詰め終わったときでなく、ふたをあけたときの美しさが命です。

中国風甘酢あんかけ卵焼き

これも私の大好きなもの。ゴメンナサイ、個人的好みでワイワイいっちゃって。でも、おかずを買い忘れたときとかに、ちょいとごまかしのきく、もってこいのもの。

卵の焼き方はミニオムレツと同じ。小さーいオムレツ形にまとめます。

別鍋に砂糖・酢・しょうゆ・酒各同量を煮立て、片栗粉《かたくりこ》でトロリッとさせておき、オムレツをこれにからめます。この甘酢あんに、にんじん、ピーマン、玉ねぎ、などのせん切りをざっといためて加えてもおいしい。トロリッは、お弁当なので少し固めにね。

私は、甘酢あんにしょうがのせん切りだけを加えたのも気に入っています。あんかけはお弁当箱の底を少しドロリとさせてしまい、あまり見よいものではありません。だから、食べ終わりにはご飯できれいにすることにしています。子どもにもそうしなさいとしつけてきました。

ついでのことに申しますと、お弁当の食べ終わり、あれ、美しくあるべきです。美しいったって、食べたあとがきれいなんてあり得ないことは承知、なめるわけにはいきませんし。

だからこそ〝空っぽのお弁当箱はできるだけ美しく！〟と、心して箸《はし》を置くのと、そうでないのとは大違い。たとえ食べきれなくて残したときでも、あちこち食べ散らかしたような残し方って、ほんとうにイヤですよね。うちの子がそんなことしたら、私はとても怒ります。

「まさかなめたんじゃないでしょうね」っていうくらいにきれいなのが理想かしらね（笑）。体調が悪くて残したときは、そっと隅に寄せられて、申しわけなさが漂います。帰りの電車に揺られて、あっちこっち動くでしょうが、それでもわかるんです。

ゆで卵むけない子、だーれ？

お弁当箱に詰めるおかずとしては、ゆで卵は煮卵や味付け卵にでもしないとあまり向かないものです。ご飯のおかずとして、たいしておいしいものではないからです。それでも詰めるお母さんは多いようですけど。

でも、ピクニックや遠足などに、おにぎりといっしょに持っていくゆで卵、あれはなかなかいいものです。おにぎりが足りなかった、なんていうときにも、ね。

子どもが幼稚園時代に、私はよくゆで卵を持たせました。お弁当箱の中身としてではなく、殻つきのままで。なぜかっていうと、私が子どもの目の前で殻をむいていたら、子どもが自分でむきたがり、お弁当に持っていきたがったから。

ところが最近、ゆで卵がまったくむけないという人に二度も出会いました。なぜ？　とびっくりするばかり。理由を聞くと、二人とも「むいたことがないから」ですって。

この話をある人にしたら、

「いっぱいいるよ」

といわれました。ほんとうかどうかは知りませんが、お弁当にでも持たせて訓練しましょうよ。おかずがそれしかなければ、きっと努力しますもの。

そんなときには、おいしいおにぎりと丸のままのきゅうりに、おみそを添えたりすれば充分。ゆで卵よりうんとおいしいものは、添えないほうがいいでしょう。

色もよし、味もしっとりのゆで卵おかず

白いゆで卵にお塩パラパラの味けなさ……だからといって絶望することはありません。ほんのひと手間かければ、おいしいおかずになるのです。それはね、殻をむいたゆで卵に、味をつけてしまうんです。

甘辛煮

小鍋にみりん、しょうゆ、だしを各適量煮立て、殻をむいたゆで卵をコロコロと転がしながら煮るだけ。しょうゆの色が、ゆで卵の表面にきれいな照りを出してくれるだけでなく、口あたりもしっとりしておいしくなります。

揚げ煮

ゆで卵の殻をむいて油で素揚げし、甘辛煮にする。

ゆで卵は前夜のうちに作って冷蔵庫に入れておけば、朝の仕事がぐんとらくになるでしょう。いずれにせよ、卵はお弁当のおかずにとっても便利。ただし、朝食に卵焼きを食べた日には、お弁当の主菜にするのは避けましょう。便利に使うほど、イザ、というときのありがたみがうすれてしまいますから。

うずらの卵は、お弁当のためにあるようなもの

欠点といえば、小さいために殻がむきにくいことだけ。ゆでてむくことを考える前に、

もっと便利な使い方を先に申し上げておきましょうか。鶏卵1個では多すぎる、といった場合の、調理用に役に立ちます。

［ハンバーグやミートボールのつなぎ用］

［フライやてんぷらのころも用］

などなど。加減して適当な数だけ使うといいでしょう。

では、ゆでて使う場合に、比較的きれいに殻をむく方法をお教えしましょうね。

ゆでたら冷水に放し、さめたら手にとってコロンとまな板に当てて殻にキズをつけ、全体の殻をつぶすようにまな板の上を手のひらで転がします。これを水の中にとって、殻の内側の薄皮からむくようにします。うまくいくと、ツルリとむけてしまいます。むいただけをおかずにするのでは知恵のない話。これに、ひと手間ひと味つけ加えます。

しょうゆ漬け

ゆでて殻をむいてから、しょうゆ少々に漬けておくだけ。前夜から漬けても大丈夫。

甘辛煮

鶏卵の場合と同じように、甘辛の調味料の中を転がしながら煮て味をからめます。

うずらの卵のむき方
水の中でむく
まな板の上でコロコロ
全体にきずがつく
つるりとむける

揚げ煮

素揚げしてから甘辛煮に。甘酢あんがらめにしたり、ほかの野菜も揚げて酢豚風のおかずにしてもおいしい。夕食に揚げものをしたら、翌日のお弁当用に〝ついで揚げ〟を。

フライ

何個か串《くし》に刺し、ころもをつけてフライにしたら、熱いうちに好みのソースをかけて味をなじませておきます。

6章

「なーんにもない」朝に ヒミツの知恵

ねぼうした！　お米がない！　とあわてる朝のために

ハッと目を覚ますと、もう子どもが学校に出かけるギリギリの時間——いやですよねぇ。それから、からだの具合が悪くてどうしても起きられないときとか、どうしようかと思います。お米を買い忘れていたときなんか、ほんと、深刻に考え込んじゃう。

そんなことが、だれにも1回や2回はあるのではないでしょうか。

そんなときはぜいたくなんぞいってはいられません。おとなならどうとでもなりますが、子どもの場合ですと、ほんと、困ります。とにかく、なんでもいいから持っていくものさえあれば——という感じ。

繰り返しますが、ぜいたくはいってられないのですから、どうぞ期待しないでください、そんなときのわが家のお弁当。

実は、カレーパンとジャムパンなのであります。これを冷凍してあるのです。めったに私はねぼうしないのでありますが、安心感のために常備しています。

なぜカレーパンなのかといいますと、油を使ったものは短時間で解凍するから。凍ったまま学校へ持たせても、昼食時には確実に柔らかく食べられるからです。だからジャムパンよりはドーナツのほうがいいともいえますが、どちらも油ものではちょっと……なのでジャムパンです。中心が最も解けにくいため、シャリッとすることがあるかもしれませんが、ジャムならあまり気になりません。

ま、お粗末きわまりないものですが〝ないよりいい〟なのであります。バカにしないで、一応こういうときもあると思って用意しておくにこしたことはありません。もしあれば、みかん、トマト、きゅうりなどをいっしょに持たせましょうか。よりましにはなるでしょう。

用意しておいても一向に役立たないならば、おやつに食べてしまってもいいではありませんか。でもね、意外とこういうものを喜ぶのが子どもなんですよ。

そうそう、冷凍庫には食パンも常に入れておきましょう。ねぼうはしなかったけどお米を買い忘れていた、なんてときに、サンドイッチ弁当を作ってあげることもできます。

おかずが足りなかったら、上にのせちゃえ

うちの子のお弁当箱はよーく入るんです。いくら入れてもいっぱいにならない。イヤ！

この弁当箱、と思っても、子どもが自分で選んだものだから勝手に小さめのにするわけにもいきません。

そういつもたくさんのおかずがあるわけではないので、そんなときは〝一見いっぱいありげの法〟でごまかしてしまいます。それには、おかずをご飯の上にのせちゃうのが一番。

この場合にはご飯はあまりぎゅっと詰めたりしません。わりと浅く詰め、その上に、ほんとは横に入れるべきメインのおかずを広げてのせるのです。ただしこの場合のおかずは、ご飯の上にのせておいしいものに限ります。たとえば、卵焼きなんかのせてもご飯がおいしくなるわけではなし、押しつぶされたらかえってまずそうに見えます。

焼いた肉などを広げてのせると、たとえ3枚ほどの薄切り肉でもボリューム感が出ます。ただし、野菜類の副菜は上にのせず、形よく隅に置きたいですね。

豪快！　肉ご飯

ご飯にのせる肉で思い出しました。うちの息子の大好物、肉ご飯をご紹介しましょう。作り方はいたって簡単。でもほんとにおいしいんですよ。

［材料］豚肩ロース薄切り肉１００g、酒・しょうゆ・みりん・水各大さじ1

［作り方］水と調味料を強火で煮立て、そこへ肉を1枚ずつ広げるようにして入れていく。

火は、ずーっと強火のまま。片面がしっかり煮えたら裏返し、またしっかり煮ます。煮えたら肉を取り出し、この煮汁に水を少し足してそのときどきの野菜を煮ます。つけ合わせもいっしょにできるというわけ（ただし、焦げそうになったら水や調味料を足してくださいよ）。たとえば薄切りのれんこん、ゆでた里芋、ゆでたごぼう、しし唐辛子、ピーマン、玉ねぎ、せん切りにんじん、生しいたけ、等々、どれでも肉とよく合います。

お弁当箱に詰めたご飯に煮汁を回しかけ、煮えた肉を広げて（ここが大事！）のせます。いった白ごまをふり、いっしょに煮た野菜をつけ合わせればでき上がり。このほかキャベツの塩もみや生野菜の即席漬けなどを添えるとさっぱりしますね。そうそう、彩りに紅しょうがも少々散らしましょうか。

うちの子どもたち、息子はこの肉ご飯に目を輝かし、娘は例のトロトロとりそぼろの3色弁当なら毎日でもいい、というほど好き。

どこの家庭でも何かひとつ、お母さんのあのお弁当が好き！　というものを思い出の中につくってやりたいものです。

のりとおかかの段々重ねにだって感動がある

私が中学生のころ、母が珍しくお弁当のおかずの材料を買い忘れてしまい、あいにくその日は何もない、ということがありました。

「のりをいっぱいのっけてくれればいいよ」と、私。

「そう、ごめんね」と、母。

その日のお弁当は、のりとおかかが何段にもはさまっていて、おかずともいえないこのお粗末なおかずをどうやっておいしく食べさせようかとの、母の思いがいっぱい詰まっていました。

つやつやのきゅうりとなすのぬか漬けがたっぷり横に添えられていたことを近ごろになって思い出し、ほんとに、お弁当の思い出というのはこうした記憶のひだの中からいまだにポロッと出てくるものだと、つくづく感じます。

この、のりかか、のりかか弁当は、ふたをあけたときもとってもおいしそうだったし、事実とってもおいしかったのです。

真っ白のご飯にね、めんたいこをべたーっと塗ってのりを散らし、菜の花のおひたしを

のりとおかかの段々重ね

たっぷりと、白いんげんの煮豆を添えただけの、手間も抜き材料も抜きのお弁当のほうが、くちゃくちゃいじって作ったキラキラピカピカ弁当よりいいな、と私は思うのですが……。

こんなふうに段々重ねにするときは、小さくて深めの容器のほうがいいです。

自家製ふりかけは、ホントおいしい!

子どもってふりかけが好きですね。うちの子が小さいころ、〝一発くん〟というふりかけがありました（今もあるかな？）。野球選手の人形がいれものになっていて、子どもがとても欲しがりました。

市販のふりかけって、いいものもありますが、たいていうまみ調味料の味が強すぎます。でも、子どもの気持ちもくんでやりたいので買ってきました。

味はまずくはなかったのですが、子どもに食べさせるには「濃いな」と思いました。それに、やはりうまみ調味料を少し減らしたほうがいいな、とも。そこで、削りかつおとごまをフライパンでからいりして〝一発くん〟に混ぜ、味を拡散させました。子どもにとっても、おいしさが増すのはうれしいはず。

さて、市販の〝一発くん〟が空っぽになるのを待ちかねて自家製を作り、容器に詰めました。これを〝二発くん〟と命名。前者をしのぐ人気となり、お弁当の友として、わが家にしっかり定着と相成りました。

〝二発くん〟の作り方

削りかつおをカップにかるく1杯（だいたい10g）、しょうゆ小さじ1をフライパンか浅《あさ》鍋《なべ》に入れてよく混ぜてから、火にかけます。中火よりやや弱め。3、4本の箸《はし》でせっせとかき混ぜながらいります。鍋も揺すりながら、ね。こうばしいにおいがしてきて、いくぶんさらさらしてきたら火を止め、そのまま自然にさまします。

さめるまで、ときどき箸でかき混ぜることが大切。

すっかりさめて、よく乾いているのを確かめたら、もみのり適量、いりごま適量を加え

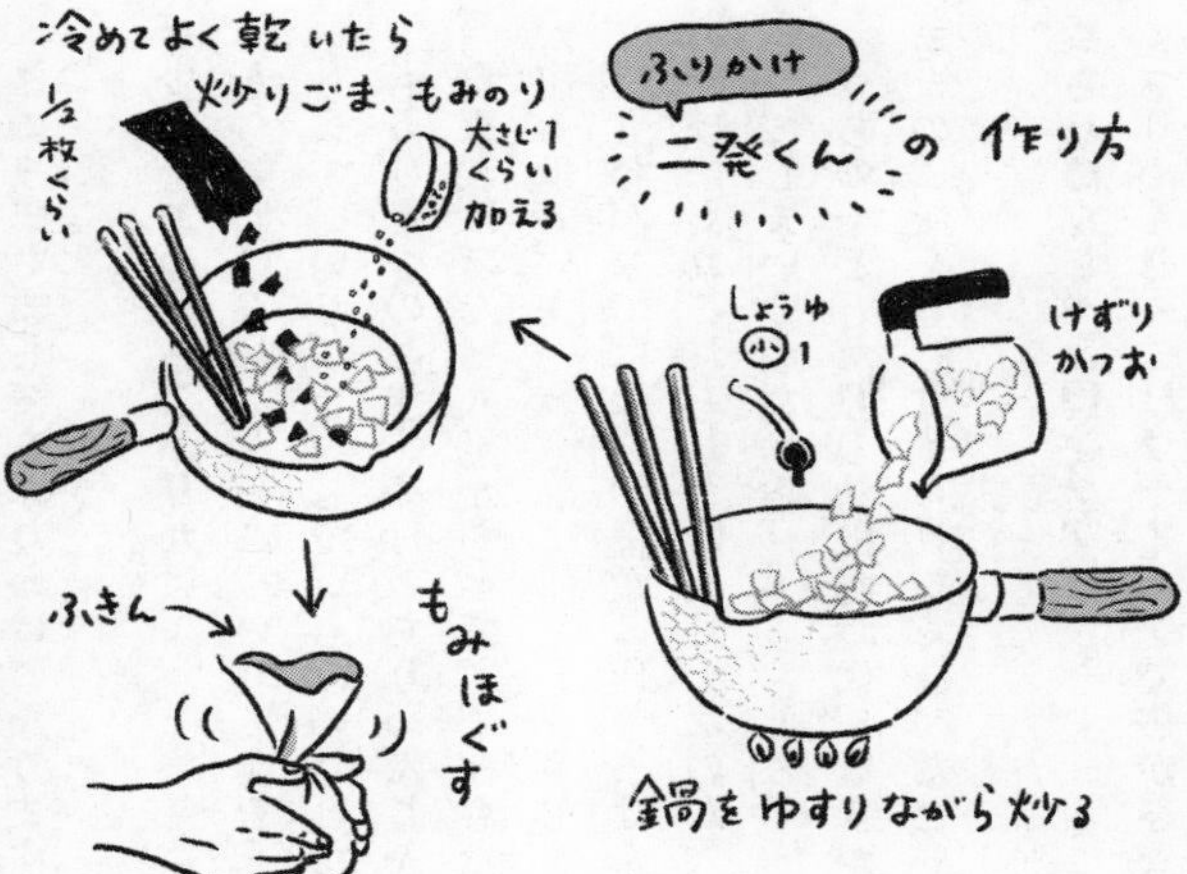
ふりかけ
二発くんの作り方
しょうゆ
小1
けずりかつお
鍋をゆすりながら炒る
冷めてよく乾いたら
炒りごま、もみのり
1/2枚くらい
大さじ1くらい加える
ふきん
もみほぐす

て、さらに混ぜます。混ざったら清潔な乾いたふきんに包み、手で細かくもみほぐします。ハイ、二発くんのでき上がり！

湿けらない容器に移して冷蔵庫へ入れておけば、とても長もちする便利なものです。

便利ついでに、もう少しだけおまけ。

✿たらこふりかけ

これは、たらこやめんたいこで作るふりかけ。わざわざ「さあ、ふりかけを作るぞ！」という感じではなくて、食卓の残りものやお弁当のおかずに使った残りで充分。

［作り方］たらこはグラグラの熱湯で中までよーく、しっかりゆでます。ゆだったら網じゃくしですくい取り、熱いうちにフォークでつぶし、パラパラにします。

このままさましてもふりかけになりますが、もうちょっと上等にする方法も。

少し上等のたらこふりかけ

から鍋にほぐしたたらこ、いりごまを入れて火にかけ、好みでもみのりも加えて弱火でいります。いりごまなしで、もみのりとたらこだけのもおいしく、私は好きです。

もうひとつのおすすめは、ちりめんじゃこのふりかけ。

自家製はほんと人気があって、子どもたちから「いっぱい、いっぱい作ってね」と注文が出るほど。

でもわが家では多くの種類は作りません。なぜかというと、いろいろと作れば、お弁当のたびにあれこれふりかけたくなるのが人情というもの、それでは白いご飯のおいしさを忘れてしまいそうだから。

うちの子どもたちの幼稚園時代、母親がいつもいつもご飯の上に何かのせるので、白いままのご飯を全然食べられなくなったという子がいました。

ちりめんじゃこのふりかけ

ちりめんじゃこはフライパンで焦がさないようにいり、いりごま、青のり、手でよくもんだ削りかつおと焼きのりを加えて、さらによくいります。塩けは、ちりめんじゃこの自然の塩分のみ。

こういうものは一度にいっぱい作るよりも、ちりめんじゃこカップ1くらいが作りやすいでしょう。いりごまとか青のりの量はお好みで。

ついで冷凍のすすめ

ホームフリージングの本、ゴマンとあるけれど、私は冷凍食品はめったに作りません。なぜかって？　自家製冷凍は、手間ひまかかるわりに味が確実に落ちるから。ただし、お弁当のおかずは別。

夕食の支度をしながら、これはお弁当のおかずにおいしそうだな、と思ったら必ず余分に作って冷凍します。それもけっしてたくさんではなく、せいぜい1回分だけ。こうしておくと、お弁当作りの気分をかるくしてくれるのです。

冷凍品は、中身の見える密閉容器に

新しく密閉容器を買い求めるとしたら、中が透けて見えるものが一つあると便利です。ただし、ここで大切なことは、お弁当用にのみ使うものを決めておくのがコツ。あまり大きくないもののほうがよく、とはいっても、いくつもお弁当を作る家庭ならどうぞ大きめを。

冷蔵庫用、冷凍庫用、いずれも、お弁当のために下ごしらえをしたものを入れるのに使います。中が見えますから、忘れてしまうことなく活用できるので便利です。ただし、自家製冷凍はそう長もちしません。それ用のノートを作り、冷凍した日をメモしておくことです。

よく「容器にラベルをはって」という人がいますが、私はそんなの面倒くさい。ノートが一番。それに従って、早いものから使いきっていきます。

夕食のどんなおかずを冷凍しておいたらいいか、ずらっと書いてみましょうか。解凍は電子レンジがあれば簡単ですが、ない場合に備えて各々説明しておきましょう。

ポテトコロッケ

夕食用より少し小さめにして2個、俵形にまとめて油で揚げてから冷凍。必ず、きつね色よりうすめの状態で引き上げること。

使う前の晩、冷蔵庫に移しておき、朝、揚げ直すかトースターで焼き直す。

ハンバーグ

やや小さめにまとめ、焼いて冷凍。使う前の晩、冷蔵庫へ。水、ワイン、トマトケチャップ、ウスターソース、しょうゆ、をあまり辛くない程度に合わせて小鍋で煮立て、ハンバーグにからませる。

冷凍庫から出したてでも、小鍋に入れて水の量を多めにして芯《しん》まで熱々に煮れば大丈夫。

シュウマイ

しっかり蒸して冷凍。使うときには油で揚げるか煮るかする。前夜から解凍しておくのが望ましいが、冷凍のまま油や煮汁に入れたって平気。青菜といっしょに煮れば一石二鳥というもの。

とりのから揚げ

揚げてから冷凍。骨なし肉のほうがいいみたい。水、砂糖、しょうゆ、を煮立て、解凍したものか凍ったままのものを入れて煮る。片栗粉《かたくりこ》でトロミをつけ、からめてもよい。甘酢味も合う。

魚の塩焼き

ただし切り身の場合のみ。塩焼きしたものを冷凍。前夜のうちから解凍しておき、フライにしてお弁当に。夕食の余りもの利用法としてどうぞ。

はるまき

豚肉かとり胸肉の細切り、もやし、干ししいたけ、ピーマン、にら、などをいため、砂糖少々、しょうゆ、ごま油で調味し、はるまきの皮でしっかり包む。包み終わりは小麦粉の水溶きでのりづけ。油で揚げず、そのまま冷凍に。使うときは、必ず凍ったまま油で揚げる。

価値ある、わざわざ冷凍のすすめ

冷凍食品作りの嫌いな私でも、わざわざ作って冷凍しておきたいもの（そんなにたくさんはないんですがね）があるのです。なんせ、これっきゃないといったものばかりなので、すでにご存じの方には「この人、これぱっかし」といわれそう。でも知らない人にはぜひにも、のおすすめ品なのです。

毎度おなじみ〝ゆで肉だんご〟

[材料] ひき肉（とり、または合びき）500g、小さめの玉ねぎのみじん切り1個分（150gくらい）、片栗粉カップ½、塩小さじ1、こしょう少々、卵1個

[作り方] 玉ねぎと片栗粉をよく混ぜ合わせます。

別のボウルにひき肉を入れ、塩、こしょう、卵、を順に入れながら混ぜ、片栗粉と合わせた玉ねぎを加えて混ぜていきます。

湯をたっぷり沸かし、スプーン2本を使って形を整えながら、直径3㎝くらいのおだんごにして落としていきます。

5～6分ゆでると中まで火が通り、ぷかぷか浮いてきますから、ゆで上がったらざるに上げて水けをきり、さましてから冷凍します。

2段重ねて並べるときは、1段目と2段目の間にラップを敷くとくっつかず、出すときに便利です。使う前の晩から冷蔵庫へ移しておくほうがよいが、凍ったままでも、次にあ

げる料理法なら平気です。ゆで汁はみそ汁やスープにすると良いです。

たかが肉だんごで、このバリエーション

甘酢あんかけ
肉だんごを油で揚げ、にんじん、たけのこ、しいたけ、ピーマン、などもいっしょに揚げて、甘酢あんをからませる。

から揚げ
解凍した肉だんごに片栗粉を少量まぶして油で揚げ、しょうゆ少々をふりかけるだけのも、こうばしくておいしい。

甘辛煮
酒、砂糖、みりん、水、しょうゆ、を煮立てた中に肉だんごを入れ、ワーッと強火で味をからませる。

ゆで肉だんごの作り方
玉ねぎみじん切り
片栗粉をまぶす
片栗粉
たまご
こしょう
塩
ひき肉
冷ましてから冷凍
スプーン2本でだんごにする
カレー煮
甘酢あんかけ
アレンジいろいろ
甘辛煮
から揚げ

いっしょに、しょうがのせん切りなどを少し加えると風味がよくなる。

カレー煮

肉だんごを油でいため、水をひたひたに加えて、カレー粉、塩、しょうゆ、で好みの味にととのえる。

ゆでたじゃが芋、にんじん、グリーンピース、などもいっしょに煮、汁があれば片栗粉でトロミをつける。

冷凍野菜は便利、重宝！

ほうれんそうやブロッコリーをゆで、冷凍することってよくあるでしょう。あれ、ぐーんと味が落ちますね。それが、どうにも気に入らぬと思っていました。

ところが、ある冷凍食品フェアでほうれんそうと出合ったときの衝撃ったら！　おいしくって、こりゃ、生からゆでるよりうまい！　と思ったくらい。

ナゾは解けました。一般家庭の冷凍庫では、どんなに気をつけて色よくゆで上げたものでも、凍るまでに時間を要します。その間に野菜の繊維は破壊され、歯ごたえも悪くなるのです。それに比べてメーカーで作る冷凍食品は、なにしろ強力な冷凍によって一気にマイナス何十度にまで下げられます。そこに味の違いがあるのでしょう。

以来、市販の素材冷凍食品を大見直しとなりました。手作りよりおいしい市販品って、あるんですねぇ。

調理済み冷凍食品は、実のところ味がイマイチと思うのでめったに使わないのですが、なるほど！　とわかってから、素材冷凍食品は常備することにしています。便利ですね。

たとえば、こういうものがあるのです。

[さやえんどう] 塩ゆで、煮もの、いためものなどに。パックのままゆでればそのまま使えるのが利点。

[グリーンアスパラガス] 削りかつお、しょうゆをまぶしてもおいしい。さっと塩ゆで、あるいはソテーにも。

[さやいんげん] さっと塩ゆで、あるいは煮ものやいためものに。しょうゆ、削りかつおであえても。
[オクラ] どこにでも売っているとは限りませんが、あると重宝。グリーンアスパラガスやさやいんげんと同様に使います。

［ブロッコリー］小房にカットされたもの。すぐに調理ができるのが便利。

［ほうれんそう］解凍さえすれば、生をゆでたのと同じように使えます。

［カリフラワー］下ゆでの手間ひまが要らないのはブロッコリーと同じ。ただし、そのままでは正直いってお弁当のおかずにはそうおいしくないかもね。

［にんじん］ゆでたものの冷凍品。ばかばかしいと思うようなものですが、たかがにんじんといえども家にないこともあるもの。下ゆでの時間を考えれば、解凍のほうがスピーディー。ソテーや煮ものに。ま、めったにお世話になりませんが。

［かぼちゃ］冷凍品は、1切れずつ使えるから便利。砂糖、みりん、しょうゆ、水、を合わせて煮立て、凍ったままのかぼちゃを放り込んで煮てもいけます。

［里芋］なかなかいいですよ。下ごしらえ、下ゆでを済ませたものとして使えるのが便利。煮汁を煮立てて、凍ったまましっかり煮てください。

作りおき嫌いが、それでも作る常備菜

正直いって私は、常備菜、保存食のたぐいは嫌いです。作りおきというと、どうしても

古いものというイメージがわくんですな。例の〝わざわざ冷凍〟でも、よほど気に入ったものしかしません。とにかく日数がたった食べものというのは、どんなにちゃんと作ったものでも苦手です。

ただし、梅干しとからっきょうとか、日をおかないとできない昔ながらの保存食はまったく別です。そういうものは、昔の人の知恵に大いなる感謝をささげながら、せっせと作っていますもの。

よく〝ひじきの煮つけ〟なんていうのを常備菜と称しているようですが、あれ、真冬にならともかく、ちょっと暖かい季節にはすぐネチョー。それに早く食べてしまわなければ——って強迫観念で、毎日同じものを食べなきゃならなくなるし……。

そんな、作りおき嫌いの私でも、前記のふりかけ類のほかに少々の秘蔵品は常備しています。すごーくおいしくて、お弁当のおかずばかりではなく、ふだんの日にもぱくぱく食べております。

そのいくつかをご紹介。

玉ねぎのカレー漬け

玉ねぎ1個（200g）、塩小さじ½、米酢大さじ1〜2、カレー粉小さじ½〜¾、を用意します。

玉ねぎはくし形に薄ーく切り、ボウルに入れて塩をふりかけ、よく混ぜます。塩がなじんでじわーっと汗をかいたようになってきたら、米酢とカレー粉を加えてもう一度よーく混ぜ合わせます。

混ぜ合わさったら、上にお皿を3〜4枚のせてかるく重しをし、30分ほどおきます。汁がかなり出ていたら重しを取り除いて汁ごと保存の器に移します。

すぐ食べてもいいし、時間をおけばまたおいしい。二日目ごろが最も食べごろ。お弁当には、かるく汁けを絞って詰めます。保存は必ず冷蔵庫。

フライやから揚げなど、こってりした主菜とのつけ合わせにぴったり。そうそう、冷やご飯用のカレーピラフにもよく合いますよ。

さて、これのバリエーションも少々。

キャベツのカレー漬け

作り方は玉ねぎと同じ。塩が小さじ½だとすれば、キャベツは⅙個（200g）くらいあればいいでしょう。塩を加えたら少しもんでくださいね。あとは玉ねぎのときとまったく同じです。

いろいろカレー漬け

玉ねぎ、キャベツ、にんじん、セロリ、などをいっしょに漬け込んだもの。作り方は同じですが、分量によって調味料は加減してください。

ね、料理って、ひとつ覚えるといくつにも応用がきくでしょう。私はそこが好きなんです。このカレー漬けだって、ほかにまだまだ応用がありますよ。セロリだけでもいいし、もやしをさっとゆでて、もいいし。

カレー粉でなく、辛いのが好きな人なら一味唐辛子でやってみてもいいでしょう。材料のバリエーションから調味料の応用へと、どんどん広がっていくこの楽しさ！　だからお料理、やめられません。

そうそう、私の友人に、この世でたくあんほど嫌いなものはない、という人がいます。それ以外ならなんでも食べるのに、たくあんだけはわけもなくダメ。駅弁なるものに興味津々なのに、買えないのは、たいてい、たくあんが入っているからですって。ならばたくあんだけ食べなきゃいいじゃないかと聞けば「お弁当全体に、においがしみているからダメ」なんですと。こんな変人、この人だけかと思っていたら、私の料理教室の生徒さんにも一人いました。この生徒さんはまだまだ穏健派。たくあんを残すだけであとは食べてしまうそうですからね。

私はたくあんが大好き。それも、お弁当に入っているのが好き。ほんとは自分で漬けたいのですが、量はあまり食べないのでそこまでは至らず。

市販のものは甘っちょろいのがいやで、これだ、と決めたあるメーカーのもの以外、浮気はいたしません。

たくあんに限らず、漬けものっぽいのが入っているお弁当っていいですよね、嫌いでなければ。かといって、いつもたくあん、ぬか漬けでは飽きるし……。次にご紹介するのなんか、手軽でほんといいですよ。

大根のゆずしょうゆ漬け

大根は人さし指くらいの太さ、長さは4cmくらいの縦に切り、密閉びんに入れて、しょうゆを大根が3分の1浸かるくらい加えます。あれば昆布を1cm幅に切って少々。昆布は細切りにはしません。粘りが強くなるとお弁当には向かないのです。

ゆずの季節なら皮をせん切りにして加えます。絞り汁も少し入れればなおけっこう。ぴっちりふたをしてガシャガシャ揺すります。それだけ。

翌日からでも食べられるし、三日はもちます。ただし、毎日ガシャガシャをお忘れなく。しょうゆだけでなく、酢を少々加えてもまたよし、です。ゆずのない季節なら、しょう

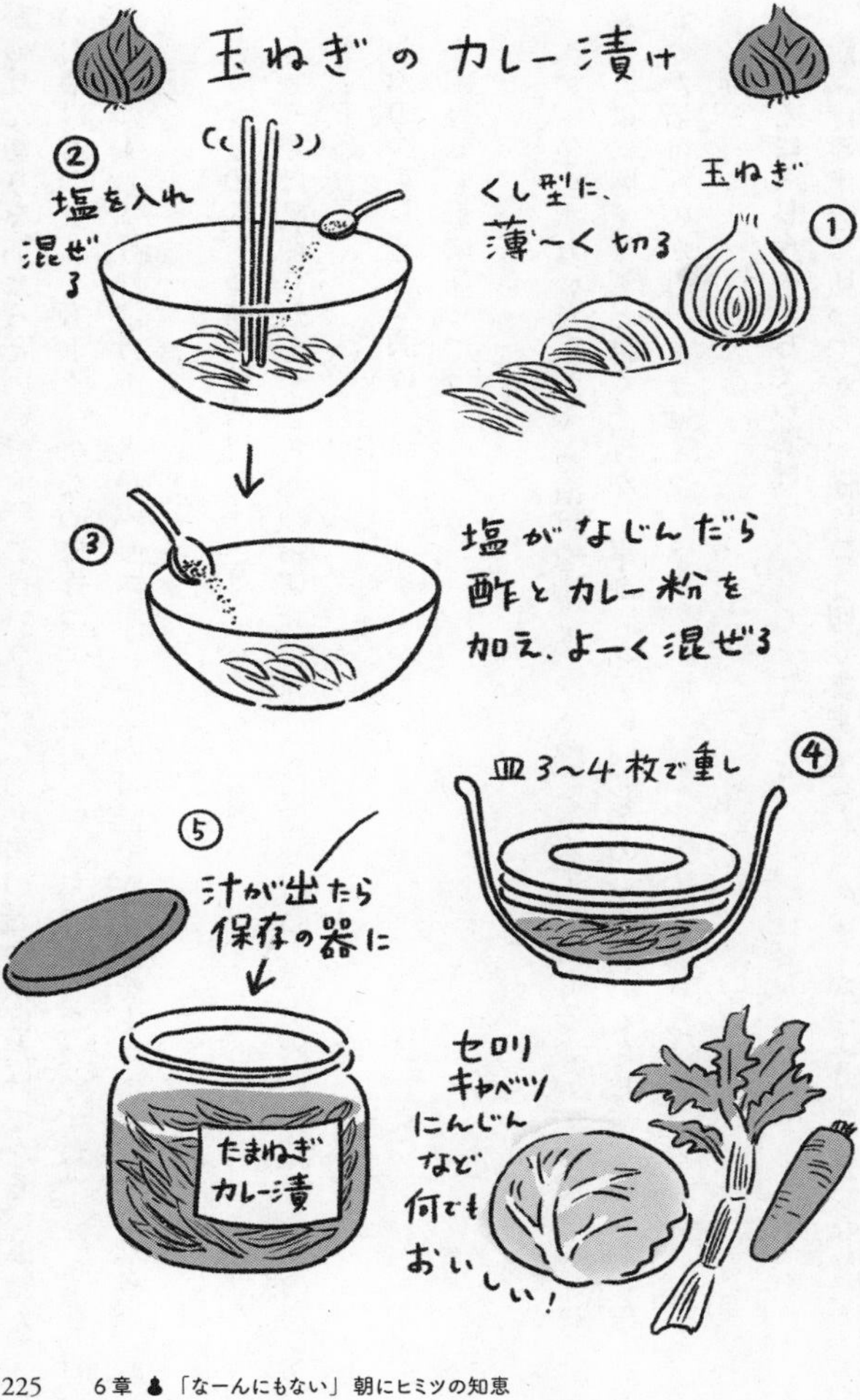
玉ねぎのカレー漬け
玉ねぎ
① くし型に、薄〜く切る
② 塩を入れ混ぜる
③ 塩がなじんだら酢とカレー粉を加え、よ〜く混ぜる
④ 皿3〜4枚で重し
⑤ 汁が出たら保存の器に
たまねぎカレー漬
セロリ
キャベツ
にんじん
など
何でも
おいしい!

がのせん切りを加えるといいです。こういうものはお弁当のおかずにだけでなく、ふだんのお漬けものとしても上々。少なめに作って、おいしいうちに食べたいですね。
このゆずしょうゆ漬けも、各種バリエーションが可能です。例をあげておきましょう。

きゅうりのゆずしょうゆ漬け

きゅうりは乱切りか1~2㎝幅の輪切りに。

かぶのゆずしょうゆ漬け

かぶはくし形に切って。

次に、色のきれいなあちゃら漬けを。〝あちゃら〟なんておもしろいい方ですね。ほんとうは〝阿茶羅〟と書くそうな。東南アジアに同じ名のものがあるらしく、そこから伝わった漬けものかもしれません。

かぶとにんじんのあちゃら漬け

かぶは縦半分に切ってから、横に薄く切ります。にんじんは(かぶよりぐんと少なめに)

せん切り。かぶとにんじんに塩少々をふって5分ほどおき、しんなりしてきたら水をひたひたに加えて絞ります。

ほかに、昆布があれば角に切って少々、種を取り除いた赤唐辛子も加えてボウルで混ぜます。甘酢をひたひたに注ぎ入れ、かるく重しをしておきます。一晩おけばオーケー。

常備菜はあまり作らないといいながら、まだご紹介したいものがあります。これを忘れてはたいへん。

じゃこのからめ煮

じゃこはしらす干しより堅めで大きめの、色の黒っぽいものを。よーく干したものを使いたいですね。煮干しでもいいのですが、少々堅いのが難点。

フライパンでじゃこをカラカラにいります。

フライパンをきれいにふき、しょうゆとみりんを少しトロリとなるまで煮つめます。あまり固めにならぬうちに火を止め、じゃこを戻して味をからめます。白のいりごまを加えるとなおけっこう。

調味料の量は、じゃこカップ1に対してしょうゆ大さじ1、みりんはその倍くらいを目安に。

これは、お正月に作る田作り（ごまめともいう）をヒントにしたものですが、こういうシコッとしたものがおかずにちょっとあるのって、私は好き。

7章

ロサンゼルス、パリで覚えたパンのお弁当

パン料理はオーソドックスに限る

うちの娘はパンのお弁当も大好きです。週に六日はお弁当の日（中学校では、土曜日もクラブがあるのでお弁当が必要）があると、そのうち2回はパンのお弁当がいいといいます。パン食の場合、娘が自分で作ることも多く、そんなとき私はとってもらく。わが家でしょっちゅうするパン食弁当はオーソドックスなものばかりです。あまり奇をてらったものは、ほんとのところおいしくありませんもの。平凡でもおいしいものを作っていると、子どもでも覚えられるので、親が作れないときに助かります。

パン食弁当をおいしくする、基本の心くばり

必ずおいしいパンを選ぶこと

前日に買っておかなくてはならないので、少なくとも買うときは焼きたてであること。翌日使わないのなら、すぐにフリージングしてしまい、使う前日、室温に出しておくよう

にします。

お弁当にするパンだけは、どんなにいいお店のでも売れ残りの〝サービス品〟は避けたいものです。サンドイッチには古いパンのほうがよい――などというのは、真っ赤な偽りでありますぞ。

焼きたての食パンは、サンドイッチにすると確かにペチャンとなりやすく、時間のたったパンなら形くずれしにくい、ということはあります。でも、味ですよ、味。どうせ前の日に買わなくちゃならないんです。それがさらに前日焼いた売れ残りだとしたら、焼いてから二日もたつということになってしまいますからね。

❀サンドイッチには、必ず柔らかくしたバターかマーガリンを片面に塗ること

これは、バターやマーガリンの風味づけのためばかりではありません。パンに油脂を塗ることによって、中にはさむものから出る水分をシャットアウトする役割もあるのです。ダイエットのために油脂はとらない――とばかりいきなり中身をはさみますと、パンのほうに水分が浸透して、たいへんまずくなることがあるのです。

本当は味はバターがいいのですが、冷蔵庫から出したてを使うとパンが破れます。味はやや落ちても、ソフトマーガリンならいつでも使えます。但《ただ》し真冬は室温に出しておいて

もかたいのでこの時はマーガリン。ちなみにカロリーはそう違いません。

小さい子でなければ、フルーツサンド以外ならマスタードも塗ったほうがおいしいです。

さあ、基本の知識を身につけたら、さっそくサンドイッチの作り方といきましょうか。

おなじみサンドイッチと、わが家風サンドイッチ

ゆで卵サンドイッチ

最もらくな作り方で、それでいてたいへんおいしいものです。

固ゆで卵を作ってフォークでつぶし（あまりねっとりするまでつぶさなくてもよい）、マヨネーズであえるだけ。何かもう少し……というなら、玉ねぎのみじん切りやマスタード少々を加えます。

いり卵サンドイッチ

いり卵をマヨネーズであえ、はさむだけ。

ウインナ卵サンドイッチ

ウインナソーセージを5㎜厚さの輪切りにして溶き卵に混ぜ、塩・こしょう各少々で味をととのえる。卵焼き器か小さめのフライパンに一度に流し、表面が少し乾いてきたら裏返します。大きめだったら二つに折ります。

パンに塗るからしをちょっと溶き混ぜて焼くと、なかなかおいしいですよ。パセリの刻んだもの、ピーマンのせん切り、を加えても可。ただし、卵のサンドイッチにあまりいろいろ加えるのは考えもの。せいぜいここにあげたくらいにしたほうが、味がいいように思います。

ひと味違うツナサンドイッチ

ツナはあまりに有名で、いまさら作り方を説明するまでもないかな。でも、ちょっとしたアイデアが入っているので書いておきます。

ツナを漬け込んであるオイルは、いっしょに使わないほうがあっさりします。どうせほぐすのですから、細かい身の安ものでも一向にかまいません。うんと簡単に作るなら、ただマヨネーズとあえるだけでもいいのですが、少々味を工夫しましょう。

玉ねぎのみじん切り（気になる人は、少し水にさらして絞る）を、好きなだけ混ぜてからマヨネーズとあえ、あればレモン汁少々を加えればなおけっこう。味がもの足りなければ、塩、こしょうも少し足しましょう。ツナ、今は水煮もあります。

卵サンドの場合もそうですが、マヨネーズは入れすぎないことが大切。入れすぎるとべトベトして、味がくどくなりますから。そうそう、ピクルスのみじん切りを加えても、また違った風味が楽しめます。パセリのみじん切りを入れるのもいいものです。

これの応用として、ツナとゆで卵もよく合います。ほぐしたツナと、フォークでつぶしたゆで卵を混ぜ合わせ、味つけはマヨネーズその他で、同じように好みでととのえます。

ちょっとぜいたく、さけやかにのサンドイッチ

ほんとのところ、かにのサンドイッチなんてもったいないですよ。でもたまにならいいかな。さけもかにも、作り方はツナとすべて同じです。これも、ゆで卵と合わせるとたいへんおいしいものです。

ポパイのサンドイッチ

ポパイ——つまり、ほうれんそうのサンドイッチです。これは私が大好きなサンドイッチ。こればっかりだといやですが、ハムとかツナの動物性の具のサンドイッチや、ピーナ

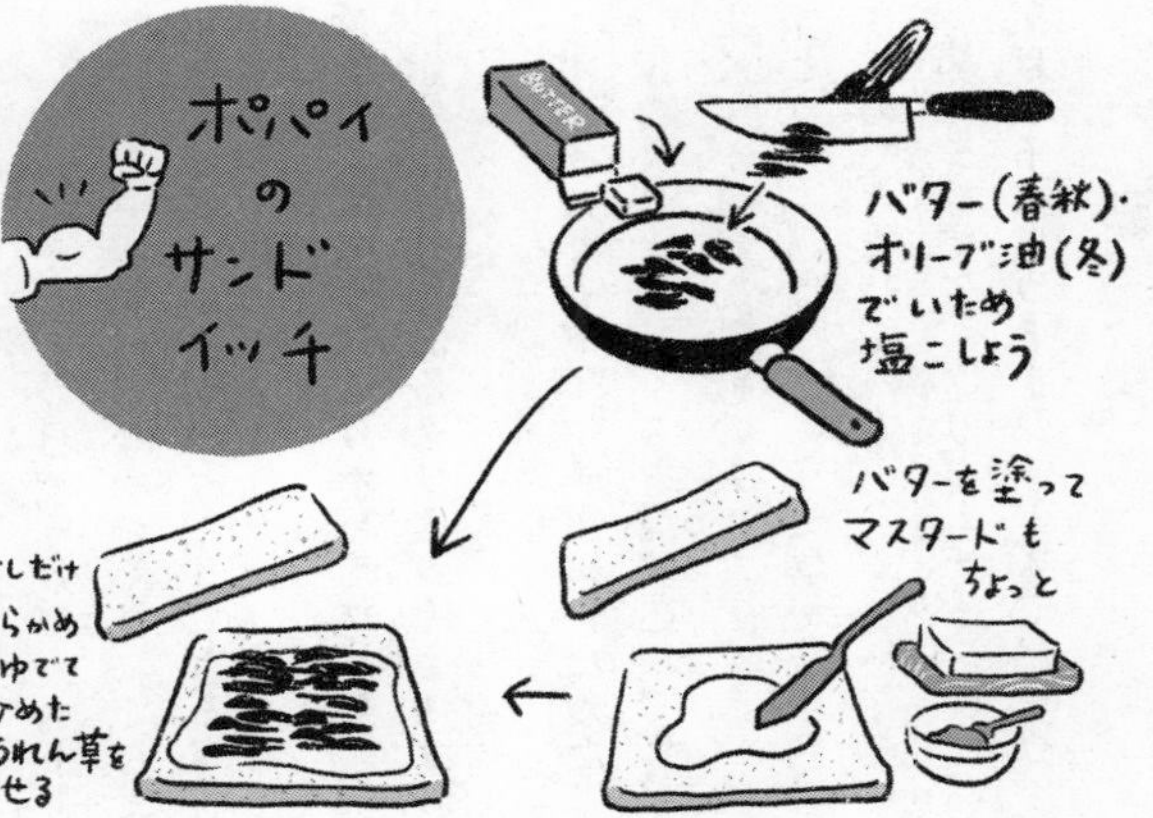
少しだけ柔らかめにゆでて炒めたほうれん草をのせる

ツバターサンドのときにこれがあると、たいへんよく味が合うのです。

ほうれんそうは少し柔らかめにゆでます。水でさらして絞り、細かく刻みます。フライパンにバターかオリーブ油を適量入れて火にかけ、溶けてきたらほうれんそうをよーくいためます。焦がしたくないので中火で。味は塩、こしょうだけ。

パンにバターをたっぷり塗り、マスタードもちょっと塗ってこのほうれんそうをはさむと、ほんと、おいしい。

ほうれんそうは、必ずさめてからはさみます。冬はバターでいためず、オリーブ油を使います。バターは、冷えると固まりますので。ただし、パンに塗るのはバターで一向にかまいません。冬は塗りにくいので、一晩室温に出しておくといいでしょう。

いつだったか、翌日使う分のバターをお皿に入れて部屋においたら、わが家のネコたちにすっかりペロペロなめつくされてしまったことがありました。お宅にもしネコちゃんがいたら、必ずふたがぴっちりできる容器に入れておいてくださいね。

✿クリームチーズ入りポパイサンド

ホイップしてあるクリームチーズはお値段が少し高いですが、サンドイッチには便利です。

ポパイのサンドイッチ用にいためたほうれんそうがすっかりさめたら、ほうれんそうの½量のクリームチーズを混ぜ込んでサンドイッチパンにはさみます。これ、なかなかおいしくて、私はお砂糖の入ったアイスティーで食べるのが大好き！

どうも「私は」という文章が多くて、すみません。でも、作る本人が好きでないと、おすすめできませんので……。

事のついでに、クリームチーズのサンドイッチをもう少々といきますか。ダイエットで気になる人はカテージチーズでどうぞ。

シンプル・クリームチーズサンド

クリームチーズは、冷蔵庫に入れておきますとやはりバターのように固まって、使いにくくなります。そんなときは必要量を耐熱皿にのせ、オーブントースターで1〜2分、チン！　とやります。すぐに、ほどよいクリーム状になってくれます。レンジでもよいし（うちにないのでわかりませんが）。

これは、黒パン、または黒っぽいパンによく合います。この場合はチーズに脂分があるので、パンにバターは塗っても塗らなくてもどちらでもけっこう。パンにクリームチーズをはさむだけでも、好きな人は好き。はちみつを塗ってからクリームチーズをはさめば、もう、たいていの人がその相性のよさを発見するでしょう。

プラスくるみのクリームチーズサンド

パン、はちみつ、クリームチーズの、三者一体サンドもいいけれど、はちみつとクリームチーズを塗ったところに、くるみの刻んだものをパラパラふってはさみ込めば、またグーです。この場合、くるみと反対側のパンにもクリームチーズかバターを塗ります。でないと、くるみがパラパラと落っこちますから。

プラスバナナのクリームチーズサンド

くるみのかわりにバナナの輪切りをはさんだものです。バナナは色が変わるので、はさむ前にレモン汁をまぶして。これもおいしいですよ。

黒パンとバナナは相性がいいので、バターを塗った黒パンに、バナナだけはさむのも、いいもんです。クリームチーズの他にピーナッツバターとバナナのサンドイッチ（134ページ参照）もすこぶるうまいんです。

プラスアボカドのクリームチーズサンド

アボカドは黒っぽい、ちょっと洋なしみたいな形のメキシコやアメリカのくだもの。くだものというより、バターかチーズみたいな濃厚な味。汁がまったくない、不思議なくだものですね。

好きずきがあるので、だれにもおすすめとはいえませんが、好きな人はお試しを。

例によって、私には好物のサンドイッチです。

アボカドはタテ2つに切って種をとって皮をむき、5〜7㎜のくし型に切ります。クリームチーズは冷蔵庫から出したて（固まっているまま）を、アボカドより薄く切ります。パンにバターを塗り、レモン汁少々をふりかけたアボカドとクリームチーズをはさみます。

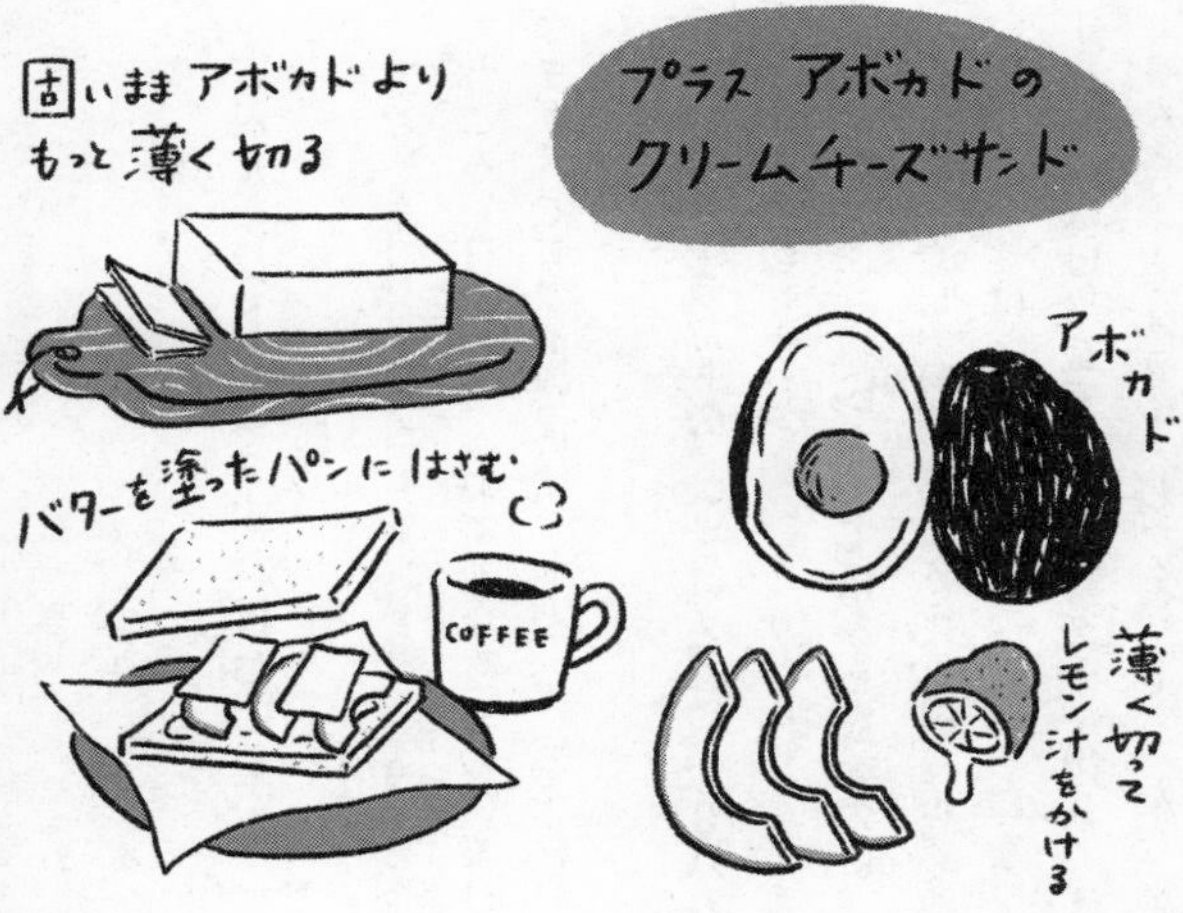
プラス アボカドの
クリームチーズサンド
固いままアボカドより
もっと薄く切る
バターを塗ったパンにはさむ
COFFEE
アボカド
薄く切って
レモン汁をかける

少し塩味が欲しい人は塩をパラパラ。スイートに食べたい人は粉砂糖をパラパラ。ま、こういうのは食べてみて「二度とイヤ」と思うか、「ふーん、わりにいけるじゃん」と感じるかのどちらかですな。私は、これを濃いめのコーヒーと食べるのがよいです。

そうそう、これもくるみパラパラが合うので、あればいっしょにはさんでみては？　ただしこれ、カロリーがちと高い。でも、まあ、食べすぎるには味に個性がありすぎるので、1切れか2切れで充分満足できるでしょう。

アボカドは作ってから3〜4時間以内にランチ可能な時のお弁当にむいています。でないとアボカドが少々黒くなりすぎるので。

ハムサンドもこうすればおいしい

アメリカのディズニーランドでの話。あそこで食べたハムサンド、けっこうでした。このところ、日本でも〝似て非なるもの〟ではあるけれど、ちょい似のサンドイッチを見かけます。でも、正真正銘、本場ものの味をお試しあれ。

ディズニーランドの、ひらひらたっぷりハムサンド

ハムを薄切りにして、ひらりひらりとうまく重ね、中にたっぷりはさんであるものです。この〝たっぷり〟がなくてはならないのに、〝似て非なるもの〟は、一見たっぷりに見せかけてあるだけ。食べるとがっかり。向こうで食べたのは、実にハムのほうがパンより厚い！　というほど多く、豊かな気持ちになりました。

パンにはいうまでもなくバターを塗り、からしも少しきかせて、薄切りハム（ふつうよりうんと薄ーくスライスしたもの）を、ただ重ねるのではなくて、ひらひらと折りたたむよ

うにはさみます。ディズニーランドだけでなく、アメリカのあちこちでこのタイプを食べました。

とても食べやすく、かみやすく、いつものハムサンドとはまた違った感触が楽しめます。

またまた思い出した！　フランスで食べたハムサンド、あれもよかった。

パリ空港の、堅くてうまいハムサンド

長さ17㎝か18㎝はあろうかというフランスパン。それも焼きたてのパリッパリ、表面が堅ーいパン。からしバターを塗って、こっちはディズニーランドと正反対に分厚いハムがデーンとはさまっていました。これまた、みみっちいレタスなんぞはなし。

からしがよーくきいていました。フランスのパンは日本のと比べて、ほとんど塩味がないように感じられ、それがハムの塩味を引き立てていました。堅そうに見えたパンも、それはかむときだけ、あとはサクッとした感じ。

ハムさえ上等なら、この食べ方もたいへんいいと思いました。サンドイッチというのは、パンとおかず（はさんだハムなど）が一度に口に入るので、あまりいろいろの具がいっしょに入っていないほうがいいのだなとは、本場でいろいろのサンドイッチを食べてわかったことでした。

もっとも、クラブハウスサンドイッチのように、とり肉、ベーコン、レタス、といった、さまざまの具をとり合わせたものもあるし、いっぱい具の詰まったダグウッドサンドのおいしさも確かにあります。

でも、日常的なお弁当となると、はさんでいる具は1種か2種にし、何種類かのサンドイッチを作るようにしたほうがいいでしょう。

たとえば、ハムサンド、卵サンド、ポパイのサンドイッチ、といったふうに、シンプルなサンドイッチをいくつかとり合わせるといった具合。

簡単なサンドイッチを、もう少しあげておきましょうか。

三色サラダサンド

きゅうり、キャベツ、ハム、をせん切りにし、塩少々でかるくもんで絞り、マヨネーズであえるだけ。

キューカンバーサンド

イギリスのティータイムに必ず出てくるもの。紅茶とよく合うんです。

薄いサンドイッチ用パンにバターを塗って、薄ーく切ったきゅうりをはさんだだけのもの。食べるときに塩少々をふりますが、バターが有塩なのでいらないかも。初めから塩をふっておくと、はさんでいるうちにきゅうりの水分が出てきますから。

これは、ローストビーフ、チキン、ハム、のような肉類のサンドイッチととり合わせて食べるとグーです。私の好きな食べ方は、クレソンひと茎を、葉の部分だけこっそりきゅうりといっしょにはさむ方法。

クレソンといえば、クリームチーズともよく合いますから、いっしょにはさむのもしゃれた味になります。

焼きのりチーズサンド

チーズサンドもおなじみのものですが、焼きのりをいっしょにはさむと、いっそうおいしい。

たとえば何人か集まったときに、チーズだけのサンドイッチと、焼きのりをはさんだものの2種を出してごらんなさい。いつの間にか、きまってのり入りのほうが先になくなります。

バターを塗って、ふつうならからしを塗るところを、練りわさび少々にしますと、なかなかオツな味。

これは、やってみないとちょっとわからない味でしょう。
こういった和風の味で、サンドイッチに利用するといいものに、たらこがあります。

タラポテサンド

たらこだけだとちょっと味がきついので、ゆでてつぶしたじゃが芋と混ぜて、パンにはさみます。お弁当向きには、たらこもゆでてほぐしたほうがいいでしょう。じゃが芋とたらこの分量は好みの割合で。

レモン汁少々、みじん切りのパセリか青じそも、あれば混ぜ込みます。面倒でなければ、玉ねぎのみじん切りも少々混ぜると、なおおいしくなります。

パンは黒パンのほうが風味が出ていいのですが、ふつうのパンでも、フランスパンでも。必ずわさびか、からしをきかせます。

サンドイッチのバリエーションはまだまだありますが、きりがないのでこれくらいにしておきます。パンのお弁当のときには、何か飲みものが欲しいものです。季節によっては、冷凍飲みもの（96ページ参照）などいかがでしょう。

ホットドッグのホントの食べ方

またまた、アメリカで食べたホットドッグの話。ホントに簡単で、おまけにおいしかった！

ホットドッグを知らない人はいないでしょう。ドッグパンに、フランクフルトソーセージをはさんだもの、ですよね。ほんとはそう、それだけであるはずなのに、日本のは違うんだな。たいてい、いろんなものがくっつきすぎてる。たとえば――。

生の刻みキャベツとともにフランクフルトソーセージがはさんであり、ソーセージの上には、びゃーっとケチャップ。

ゆでるかいためるかしたキャベツ入り。

酢漬けキャベツ入り――これはいけます。

最もいやなのが、

レタスを敷き、その上にフランクフルトソーセージ、ケチャップびゃーっ。レタスはほにょほにょっと不気味になっていて、やたら湿っぽいオカルト的ドッグ。

……などなどといったものがほとんど。こうしてコテンパンに書いているけど、実は私だってアメリカへ行く前は、これぞホットドッグとばかりに、キャベツ・ア・ラ・カルト入りをよく作っていたのです。

ソーセージ以外に何かをはさむことで、どこか安心していたんですね。おいしくて、栄養的にもいいはずだという思い込み……。

アメリカで、あっちこっちとホットドッグを食べました。すごくおいしかったのはなぜか? ソーセージがおいしい、然《しか》り。しかしそれだけではない——そうなのです。パンには、ソーセージがはさんであるだけ! それがまず基本でおいしさの秘密だったのです。

バターも塗らない、マスタードも塗らない、キャベツもレタスもなし。ましてや、食べる人以外の人の手によってケチャップびゃーっなんて、あり得ない。食べるときに、食べる人が、好きなだけびゃーっとケチャップをかけ、マスタードをベタッと塗り、といった具合がいいのです。

基本のアメリカン・ホットドッグ

ドッグパンは切り目を入れてオーブントースターでさらりと温め（店によっては冷たいままもあったけど、おいしかった）、中身のフランクフルトソーセージはぐるぐる回るグリルで焼く。いためたりしないので油は使わないし、むしろソーセージの脂分が、グリルす

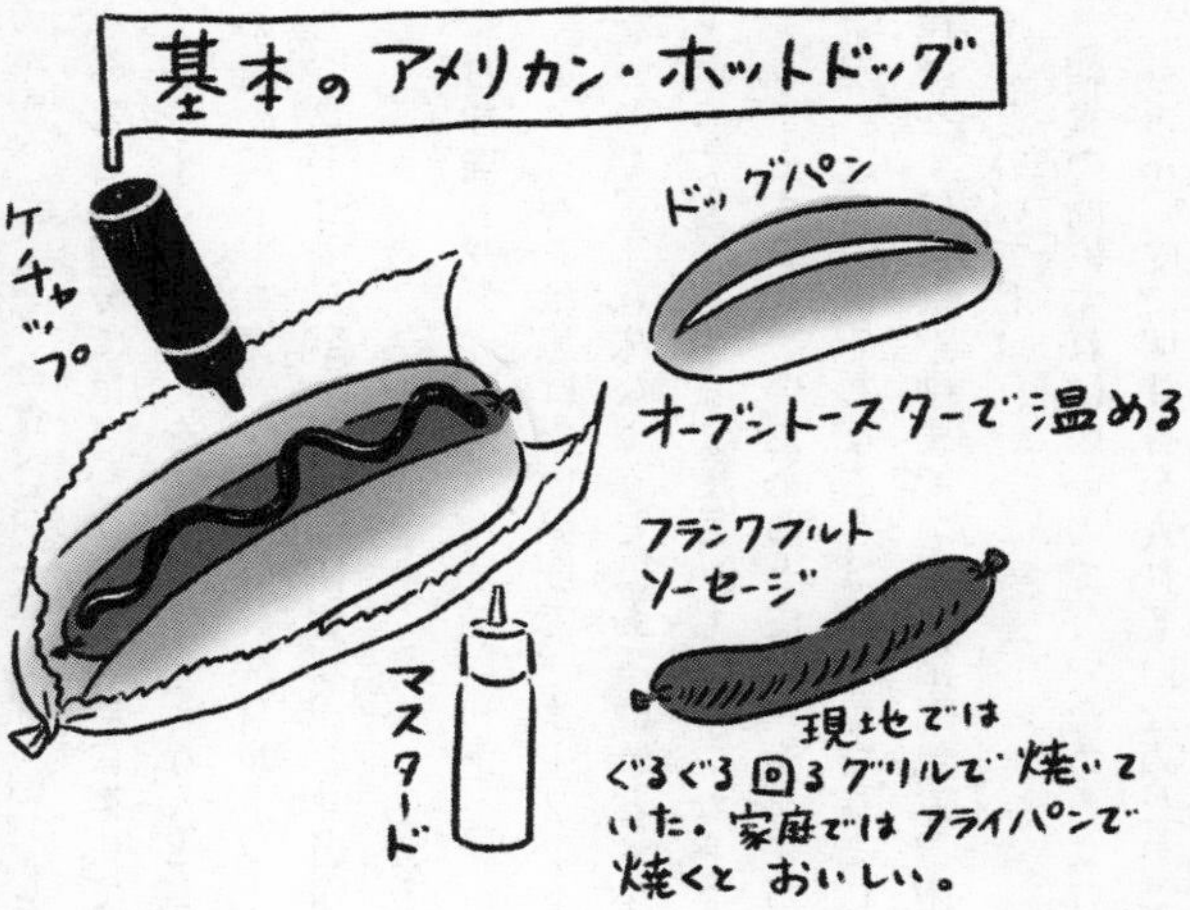
基本のアメリカン・ホットドッグ
ケチャップ
ドッグパン
オーブントースターで温める
フランクフルトソーセージ
マスタード
現地ではぐるぐる回るグリルで焼いていた。家庭ではフライパンで焼くとおいしい。

ることで下に落ちてしまいます。

温かくなったドッグパンに焼きたてのソーセージをポンと無造作にはさみ、紙でくるくるっと巻いただけ。

その紙をくるくると広げて、中のパンを切れ目からちょいと開き、油差しみたいな形の赤と黄の容器から、ケチャップとマスタードをソーセージの上にたっぷり。ガブリッ、ウーム、おいしいッ！　という具合。ね、だからこそパンのおいしさとフランクフルトソーセージのおいしさが味わえるのです。それを、日本という親切な国はやたらいろんなものをはさんで、ドッグパンをじっとりさせてしまうんですなぁ。

ホットドッグは、乾いたおいしさがいいのです。確かに、ザワークラウト（酢漬けのキャベツ）などと食べるのはおいしい。しかしこれも、最初からはさんでおくよりも食べるときに自分ではさむか、別の器に置いてときどきつまむほうがいいようです。

いやーぁ、これらを知ってから、なんと気がらくになったことよ。いざ！　というときのために、ドッグパンとフランクフルトソーセージはいつも冷凍。前夜、パンは室温に出し、ソーセージを冷蔵庫に移せば、お弁当作りの朝はらーくらく。

お弁当ドッグ

ドッグパンは焦げない温度で、オーブントースターで温めます。すぐに食べるわけではないので、無意味なようではあるけれど、少し加熱したほうがパンに風味が出るからです。といっても、そのままでおいしいパンなら、温めなくったって大丈夫。

ソーセージは、いためると皮がパンクするからと、斜めに何本か切り目を入れたものですが、近ごろはそんなことはしなくなりました。そのままオーブントースターで焼くだけ。焦げやすければ途中までアルミ箔で包み、中まで温まったころ、アルミ箔をとって全体を焼くといいでしょう。

朝食の間にすればいいので、いためるよりらくだし、味もあっさりします。

むろん、皮に切り目を入れていためたっていいんですよ。または、ドイツ式にゆでてもけっこう。

パンにフランクフルトソーセージだけをはさみ、紙かアルミ箔でくるりと巻いて包みます。

こういうときは、お弁当用のミニケチャップが役に立つので別に持たせます。マスタードは、ふだん納豆を買ったときについてくる、ごく小さい練りがらしをため込んでおき、利用すると便利です。ほんとは、瓶入りのマスタードのほうがよく合うんですけど。

この食べ方なら、パンもソーセージも〝乾いたおいしさ〟が保てるというものです。ただし、パンもさることながら、ソーセージも良質のものを。

ほかの、野菜のおかずなどは別容器に入れて持っていくといいでしょう。

❀チリビーンズ・ホットドッグ

これも、アメリカで食べたホットドッグのなかで、「こりゃぁ、うまい！」と思ったもののひとつです。

いんげん豆（またはキドニービーンズやひよこ豆）を、トマトソースとチリソースでピリリと辛く煮込んで、ドッグパンにはさんだものです。

チリビーンズだけのものと、それにソーセージをのっけたのと、2種類ありました。ピリピリ辛いのが好みの人なら、きっと好きになると思います。日本ではまだお目にかからないなあと思っていたのに、あれよあれよとメジャーになってきましたね。

いずれにしても、ホットドッグには、あまりごちゃごちゃしたおかずは似合いません。まかり間違っても、ほにょほにょっと湿ってしまうレタスなどをはさんで、野菜を入れましたなどという気になりませんように。

別添えのおかずとして——玉ねぎのカレー漬け（221ページ参照）、フレッシュなくだもののヨーグルトサラダ、アメリカンサラダ、など。

あとがき

小林カツ代

「まえがき」でも少しふれましたように、目下、私は中学生の娘のために毎日お弁当作りをしている現役ママです。

夜遅くまで原稿書きをしている身にとっては、朝早く眠い目をこすりつつ作るお弁当が、ときにはしんどいなァと思うこともあります。

でも、お弁当を詰め終わって、ふたをする瞬間がとても好き。しんどいなァと思っていた気持ちは、いつのまにか〝きょうも元気で行って、無事帰ってきてね〟と、こう書くといささかオーバーな感じですが、そんな思いでふたをしている自分に気づきます。ときには〝きょうは大好物が入ってるから、喜ぶだろうな〟と思ったり。

考えてみれば、お弁当というのは、食べ手だけでなく、作り手もけっこう幸せ気分にさせるものなのです。また、そういうお弁当作りでなくては、と思います。

私は娘にお弁当を渡すとき、いつも「はい、お弁当！」と、はっきりいって手渡しします。すると、どんなときでも、彼女は必ず「ありがとう」といって受け取ります。

親子の間で水くさいと思われるかも知れません。それに、うまく口ではいえませんが、お弁当をなかにしての、娘の、感謝の短い言葉は、とても大事な気がするのです。

親が子どもに作るお弁当は、親から子へのメッセージ、親と子に限らず、お弁当はメッセージであると、つくづく思います。

「きょうは、おいしいでしょう!」というものや、

「少し嫌いなものも入ってるけど、食べてみたら?」とか、

「ねぼうしちゃった、ひどいおかず、ユルセ」

とかいったことを、お弁当箱の中身は無言で語っています。ときには、

「詰まってりゃいいんでしょ、詰まってりゃ」といった内容のものも見かけますが……。

この本では、どうしても必要と思われるもの以外、厳密には味つけの分量を書いていません。作り方も、くわしくくわしくというほどではありません。というのは、おかずの作り方そのものについてだけなら、それこそお弁当の本は数えきれぬほどありますから、それらをどうぞご参考になさってください。

この本では、お弁当を作るなら、こういうことをまず知ってほしい、こうするととってもらくですよ、といった、もっと根源的なことに力を入れました。今まで、そういう本がほとんどなかったし、だからこそ、いつまでたってもお弁当作りは気が重い、といった気持ちから抜け出せないでいるように思います。この本を読んで、「ああそうだったのか」

と、お弁当作りのごく基本的なことがしっかりわかっていただけたら、別のお弁当の本からも、上手に自分流にとり入れられるようになるでしょう。

私は若い日、夫にお弁当を作ると、私の分もいっしょに作ってお弁当箱に詰め、室温に置いておき、お昼に食べました。子どもの幼稚園時代も、家にいる場合はそうしました。まったく同じようにお弁当箱に詰めて食べたことで、実に多くのことがわかったのです。あなたも、もしそういうことができれば、なさってみませんか? きっといろいろの発見がありますよ。

（一九八四年）

おまけのレシピ

本田明子

●とりごぼう

鶏肉《とりにく》50ｇは小さく切って、ごぼうも50ｇ位をささがきにする。ごま油でごぼうと肉をさっと鍋《なべ》で炒《いた》めたら、みりん、醤油《しょうゆ》、酒を大さじ½加えて中火で絡める。白ごま小さじ1をパラリ。

●チキンナゲット

ボウルに鶏挽《ひ》き肉100g、カレー粉と塩、胡椒《こしょう》を少し、おろしにんにくほんの少し、片栗粉《かたくりこ》と水各小さじ1をすべて入れ、よく混ぜ合わせる。パン粉は手で揉《も》んですごく細かくする。肉だねを大さじ1くらいずつ、パン粉のバットに入れてまんべんなくまぶしつける。中温の揚げ油でこんがりと揚げる。携帯用のケチャップをつけて。

●えびじゃが芋カレー炒め

大きめのじゃが芋（メークイン）1個は薄切り、むきえび50gは背ワタを取る。フライパンにサラダ油大さじ1、おろし生姜《しょうが》、カレー粉、塩各小さじ¼を入れて中火にかける。いい香りがしてきたら、じゃが芋とえびを焼きつけるように炒める。味をみて、足りなければ醤油少々で味を調える。

●玉ねぎと豚肉のオイスター炒め

ピーマン1個は細切り、玉葱《たまねぎ》½個は繊維を断つように5㎜位幅に切る。豚肉生姜焼き用2枚は1㎝幅に細切りにし、塩、酒少々をふり混ぜ、片栗粉小さじ1をまぶす。フライパンにごま油小さじ1を熱し、中火で肉を炒める。色が変わり始めたら玉葱、ピーマン、すぐに酒、醤油、オイスターソース、砂糖を各小さじ1加えて強火で手早く炒める。

●塩鮭《しおざけ》のジュッ

中塩鮭1切れはひと口大に切る。フライパンにごま油小さじ½をなじませ、鮭を両面中火で蓋《ふた》をしてこんがり焼く。間髪を入れず酒大さじ½をジュ～ッと回し入れる。すぐに器に盛り付ける。大人の弁当ならスダチをそえるといい。

●白身魚の柚子《ゆず》胡椒マヨ

生鱈《たら》や鯛《たい》、カジキマグロや生鮭もいい。1切れを2つに切って耐熱容器にのせる。マヨネーズ大さじ1に柚子胡椒を混ぜて魚の上に塗る。200℃に温めたオーブンで7分焼く。直に魚焼きグリルでも焼ける。その場合は網から落ちるので、1切れのまま焼く。

●おさかなそぼろ

鍋に湯カップ½位を沸かし、鯛とか生鱈をゆで汁がなくなるまでゆでる。粗熱が取れたら皮、骨、小骨を取りのぞく。魚の身を鍋に入れて、酒、みりん、薄口醤油各小さじ1を加えて弱めの中火にかけ、木べらで炒《い》る。水気がなくなったら、弱火にしてパラリと炒る。火を止めて白いりごまを混ぜる。塩鱈や塩鮭でもできるけれど、その時は薄口醤油は不要。

●鶏ささみのオランダ揚げ

鶏ささみ2本は半分に切り、酒小さじ1をふりかけ、片栗粉小さじ2をまぶしつける。ボウルに甘酢（砂糖、米酢、醬油各大さじ½）の調味料を合わせておく。揚げ油を中温に熱し、カリッと揚げる。熱々を甘酢に入れて味をからめる。

●チリ肉そぼろ

鍋の中を水でぬらし、合い挽き肉100g、ケチャップと酒各大さじ1、ウスターソース大さじ½、パプリカパウダー、チリパウダー、塩、胡椒各少々、サラダ油小さじ1を全《すべ》て入れる。火にかける前に木べらなどでよくほぐしてから強めの中火にかけ、時々ほぐしながら煮る。フツフツしてきたら、中火で汁けがなくなるまで煮る。

●ひき肉バジル炒めご飯

パプリカ½個はひと口大、小さめの玉葱¼個は薄切り。フライパンにサラダ油小さじ1、赤唐辛子、生姜の千切り少々を入れて中火にかける。いい香りがしてきたら、ひき肉80g位を加えて炒める。ナンプラー、オイスターソース、醬油各小さじ1とバジルの葉数枚を加えひと混ぜしたら玉葱、パプリカを加えて炒め合わせる。ご飯の上とかお隣に入れて盛り付け、ご飯と混ぜながらもぐもぐ。

●セロリ葉の佃煮《つくだに》

セロリの葉とほそい軸部分合わせて50gを1分ほど熱湯でゆで、冷めたら刻む。鍋にごま油小さじ1、ちりめんじゃこ大さじ1を入れて中火で炒め、チリッとしてきたら、刻んだセロリたちを加えて炒める。みりん、薄口醬油を各小さじ1加えて水分を飛ばし、最後にすりごま小さじ2を加えて火を止める。

●セロリの味噌《みそ》漬け

味噌小さじ2、みりん小さじ1位を混ぜる。セロリ10㎝は筋をとり、5㎝長さに切り、縦2～3つに切る。小さい蓋つきの保存容器にあわせ味噌を半量敷き、セロリを並べる。上にあわせ味噌を塗る様にスプーンの底で広げる。ぴっちりとフタをして冷蔵庫で2日おくと食べ頃《ごろ》に。

●人参《にんじん》しりしり

フライパンに大きめの人参半本くらいをしりしり器か、細切りスライサー（太めの刃の方）でしりしり（細切り）する。卵1個は溶く。人参にサラダ油小さじ1を回しかけ、強めの中火にかけ熱々になったら塩2つまみ位で味を調える。人参を真ん中によせ、卵をとじるように全体に回し入れ、木べらと箸《はし》でまぶしつけるように炒め、卵に火が入ったら出来上がり。

●菜花と人参のナムル

菜花50gは3〜4㎝長さ、人参3㎝は太めの細切りにする。鍋に水適量と人参を入れて強火にかけ、フツフツしてきたら塩を適量入れて、ひとまぜしたら菜花を入れる。ザルに上げて冷ます。みじん切りの長葱ほんの少し・砂糖とすりごま各小さじ½・醤油とごま油各小さじ1を混ぜあわせ、菜花と人参を和《あ》える。

●鶏かぼちゃのカレー煮

いんげん3本は3㎝長さ、かぼちゃ100g位と鶏肉100gは一口大に切る。鍋にサラダ油小さじ1を熱し中火で鶏肉を焼く。肉の色が変わり始めたら砂糖、酒、薄口醤油各大さじ½、カレー粉小さじ½を加えて3分ほど煮る。水カップ1、かぼちゃ、いんげんを加え蓋をして中火で7〜8分煮る。

●りんごとさつま芋のサンドイッチ

さつま芋100gは1㎝厚さの輪切りにし、濃いめの塩水に5分ほどつける。りんご½個は縦3つ割りにして芯《しん》をのぞき、横薄切りにする。鍋にさつま芋と水カップ½を入れ、上にりんごを重ね入れ、フタをして中火で10分ほど蒸し煮にする。芋に竹串《たけぐし》がスッと通って、ゆで汁がほとんどなくなってきたら、砂糖、はちみつを加える。マッシャーかフォークの背でりんごと芋をつぶし、木べらで混ぜながら火を通す。食パン2枚はバターをぬる。芋りんごをたっぷりのせて、シナモンパウダーを振り、サンドし、食べよく切り分ける。

●ハムとチーズのバゲットサンド

バゲット10㎝は横に切り込みを入れて、内側にバターをぬり、片面には粒マスタードもぬる。ハム3枚とチーズ薄切り2枚をはさんで、半分にカットして、ワックスペーパーなどに包む。

●かぼちゃとハムのサンドイッチ

かぼちゃ100gは種を除いて、皮を所々薄く削《そ》ぎ落とす。一口大に切り、鍋に入れてヒタヒタの水を加え、蓋をして中火で10分位ゆでる。ゆで汁は火にかけて飛ばし、かぼちゃが熱いうちにマッシャーやフォークでつぶす。あら熱がとれたら、マヨネーズ、塩、胡椒各少々、好みでシナモンパウダーを加えて混ぜる。パンにバター、マスタードを塗り、かぼちゃとハムをサンドして食べやすくカット。

●ベーグルサーモンサンド

ベーグル1個は厚みを半分に切り、軽くトーストしてバターを薄くぬる。リーフレタス1枚は大きくちぎる。カマンベールチーズは薄切りにする。ベーグルにレタス、スモークサーモン数枚、カマンベールを重ねてはさむ。

●ごぼうと小松菜のごまあえ

ごぼう10㎝はあらめのささがきにして、ザブリと水洗いする。鍋にごぼうとヒタヒタの水を入れて好みのかたさにゆで、ザルにあげ冷ます。小松菜50ｇは塩少々を加えた湯で程よくゆで、ザルに広げて冷まし、３㎝長さに切る。すりごまに、醤油小さじ1と砂糖少々を混ぜ、ごぼうと小松菜を加えよく和える。

〈追記〉

●74ページに調味料のサシスセソの話が出てきますが、当時は口やかましいお姑《しゅうとめ》さんみたいな人が沢山いたせいか、調味料を加える順番の常識たるものがありました。砂糖、塩、酢、醤油、味噌の順に調味料をいれるという話。

これは料理によっては一理あるのですが、たいてはそれほど気にする話ではありません。ましてや、忙しい朝の時間に1～2人分のお弁当のおかずを作るのに、まず、皆無であるとおもって良いと思います。

●時代は変化を遂げるもの。食の世界も不動のものもあれば、常識が変ったものがあります。この本では食パンは出来るだけ美味《おい》しいパンで、少なくとも買うときは焼きたてであること。

こんな風に書かれていますが、サンドイッチは、前日買ったパンの方が作りやすいというのが、常識としてまことしやかにいわれていた時代があり、味を重視したカツ代さんが（旧元本224～225頁にわたり）強く主張しているのはそのためです。

いまは劣悪なパンもなければ、前の日のパンでサンドイッチをなんていう話は完全にどこかに消えましたね。
●このお弁当の本が書かれたのは約40年前。この頃は、いま言われる異常気象もそれほどでもなかった時代です。昨今の異常気象の夏の暑さと湿度は、普通じゃなくそれも春先~冬に近い秋まで、気温の高い日があります。
この本は本人の文体のリズムもあり、できるだけ元本を生かしています。暑い日の工夫は早くからはじめ、天気予報にあわせて夏日なる日は、くれぐれも気を付けて下さいね。

Haruki Bunko
ハルキ文庫

こ 14-1

ハッと驚《おどろ》くお弁当《べんとう》づくり

著者 小林《こばやし》カツ代《よ》

2022年4月18日第一刷発行

発行者 角川春樹

発行所 株式会社角川春樹事務所
〒102-0074 東京都千代田区九段南2-1-30 イタリア文化会館

電話 03(3263)5247(編集)
03(3263)5881(営業)

印刷・製本 中央精版印刷株式会社

フォーマット・デザイン 芦澤泰偉
表紙イラストレーション 門坂 流

ISBN978-4-7584-4471-2 C0195 ©2022 Kobayashi Katsuyo Printed in Japan
http://www.kadokawaharuki.co.jp/[営業]
fanmail@kadokawaharuki.co.jp[編集] ご意見・ご感想をお寄せください。